birger sellin   ich will kein inmich mehr sein

birger sellin

ich will kein inmich mehr sein

botschaften aus einem autistischen kerker

Herausgegeben von Michael Klonovsky

Kiepenheuer & Witsch

Umschlaggestaltung: Kalle Giese, Overath
Fotos auf Seite 63 und 64: Archiv der Familie Sellin.
Umschlag-Vorder- und Rückseite und Fotos auf Seite 65:
Sibylle Bergemann, Berlin
Satz: Kalle Giese Grafik, Overath
Druck und Bindearbeiten: Clausen & Bosse, Leck
ISBN 3-462-02289-X

ich dichte erst jetzt ein lied über die freude am sprechen
ein lied für stumme autisten zu singen in anstalten und irrenhäusern
nägel in astgabeln sind die instrumente
ich singe das lied aus der tiefe der hölle und rufe
alle stummen dieser welt
erklärt den gesang zu eurem lied
taut die eisigen mauern auf
und wehrt euch ausgestoßen zu werden
wir wollen eine neue generation der stummen sein
eine schar mit gesängen und neuen liedern
wie es die redenden noch nicht vernommen haben
unter allen dichtern fand ich keinen stummen
so wollen wir die ersten sein
und unüberhörbar ist unser gesang
ich dichte für meine stummen schwestern
für meine stummen brüder
uns soll man hören und einen platz geben wo wir unter euch allen wohnen dürfen
in einem leben dieser gesellschaft

Birger Sellin am 21. September 1992

Anstelle einer Einleitung

An irgendeinem Tag Anfang Februar 1992 rief mich ein Bekannter, der als Richter am Berliner Kammergericht arbeitet, an und sagte: »Du suchst doch als Journalist immer nach interessanten Geschichten. Ich glaube, ich habe da etwas für dich. Ein Kollege von mir hat einen neunzehnjährigen Sohn. Er heißt Birger Sellin, ist Autist und hat, die ersten beiden Jahre ausgenommen, sein gesamtes Leben lang kein Wort gesprochen. Man hielt ihn immer für völlig debil – bis er auf einmal zu schreiben anfing. Jetzt sitzt der Junge jeden Abend am Computer und schreibt die unglaublichsten Sachen.«
»Was, bitteschön, ist denn das: ein Autist?«
»Hast du den Film ›Rain man‹ nicht gesehen?«
»Nein.«
»Also, Autismus«, erklärte mein Bekannter nach einer kurzen Bedenkzeit, »ist eine Behinderung, die offenbar auf einer Störung in der Wahrnehmung beruht. Autisten sind Menschen, die keinerlei Kontakte zu ihrer Umwelt aufnehmen, sich völlig in sich zurückziehen und scheinbar nichts von dem registrieren, was um sie herum geschieht.«
»Und so einer fängt auf einmal an zu schreiben?«
»Das ist es ja gerade! Du mußt unbedingt diese Texte lesen. Der Bursche ist einfach phantastisch!«
Meine Neugier war geweckt. Obwohl mein Wissen über Autismus gleich Null war, beschloß ich, mich der Sache anzunehmen. Vielleicht spielten dabei auch gewisse Sympathien eine Rolle, die ich instinktiv für einen Menschen empfand, der sich vollkommen vor dieser Welt verschloß – eine Haltung, die mir gar nicht so abwegig vor-

kam. (Später sollte mir dann klarwerden, daß jede verklärende Vorstellung über dieses Leiden nicht nur lächerlich ist, sondern den Betroffenen geradezu zynisch erscheinen muß.)
Ich besorgte mir also aus Pressearchiven diverse Artikel, die in den letzten Jahren zum Thema Autismus erschienen waren, um mir halbwegs ein Bild zu machen, worüber ich da eigentlich schreiben sollte. Gleichzeitig konsultierte ich zwei Berliner Psychologinnen, die in ihrer Therapie mit Autisten arbeiteten. Nach und nach begann ich zu begreifen, daß ich mich auf einen Gegenstand einließ, der mit meinem bisherigen Erfahrungshorizont nicht das geringste zu tun hatte.
Autisten, so ließ ich mich aufklären, sind Menschen, die wie Gefangene im Kerker ihres eigenen Ichs leben. Aus ungeklärten Gründen kapseln sie sich in ihrer frühen Kindheit von der Welt ab, weshalb die dadurch einsetzende Entwicklungsstörung auch als frühkindlicher Autismus bezeichnet wird. Autistische Kinder können zu niemandem eine emotionale Beziehung herstellen – auch nicht zu ihren Eltern. Sie verhalten sich, als wären sie taub und vermeiden jeden Körper- und Blickkontakt. Sie sprechen entweder nicht oder repetieren nur, was man ihnen sagt. Sie spielen nicht wie andere Kinder, wiederholen stereotyp immer dieselben Bewegungen und bekommen regelrechte Tobsuchtsanfälle, wenn sich in ihrer Umgebung unvorhergesehene Dinge ereignen. Dabei kann es auch vorkommen, daß sie sich selbst schmerzhafte Verletzungen zufügen. Aber, so lautete das Resümee, das sind alles nur Äußerlichkeiten, was wirklich im Inneren dieser Menschen vorgeht, weiß eigentlich niemand.
Zugleich, erfuhr ich weiter, sind viele Autisten nicht gei-

stig behindert, sondern teilweise sogar sehr intelligent. Wegen ihrer Kommunikationsunfähigkeit ist es allerdings äußerst kompliziert, dieser Intelligenz auf die Spur zu kommen. Auch mit den Aussichten auf Heilung steht es sehr schlecht, weshalb erwachsene Autisten, deren Eltern den Pflegeaufwand nicht mehr bewältigen können, zumeist in psychiatrischen Anstalten vor sich hin dämmern. Zudem ist das medizinische Bild des autistischen Zustands so diffus, daß die verschiedenen ärztlichen Diagnosen stark voneinander abweichen und oft eine geistige Behinderung diagnostiziert wird. Kurzum, es handelt sich um ein bislang ungeklärtes Rätsel.

Dieser Erkenntnisstand erschien mir ziemlich dürftig, so daß ich einen Teil der – recht spärlichen – Fachliteratur zu Rate zog. Doch tappten auch die Experten, wie ich feststellen mußte, in Sachen Autismus weitgehend im dunkeln – weniger, was die Beschreibung des Krankheitsbildes betrifft (statt Krankheit sollte man wohl besser Behinderung sagen), als vielmehr hinsichtlich der Ursachen und eventueller Heilungsmethoden. Autismus, schreiben die niederländischen Verhaltensforscher Elisabeth und Niko Tinbergen denn auch, ist »eines der kompliziertesten natürlichen Phänomene, die es überhaupt gibt«.

Jedenfalls wuchs mein Interesse, einen Vertreter dieser absonderlichen Menschengruppe kennenzulernen. Ich fühlte mich nach meiner ersten Informationssammlung halbwegs darauf vorbereitet und nahm Kontakt zu Birgers Eltern auf. Die Sellins zeigten sich durchaus daran interessiert, den Fall ihres Sohnes an die Öffentlichkeit zu bringen. Zuerst, sagte ich ihnen, wolle ich aber gern lesen, was Birger schreibt.

Die Texte kamen per Post, und ich war sprachlos. So et-

was hatte ich noch nie gelesen. Das war nicht das Gestammel eines Irren, der nichts von seinen Mitmenschen wissen will, sondern ein Hilfeschrei aus einer unbegreiflichen, düsteren Welt. Das waren aus großer Not hervorbrechende, tief überschattete, einsamkeitsbeladene und mysteriöse Texte in einer ungemein kompakten Sprache. Vieles darin erinnerte mich an Nietzsche, Hölderlin, Artaud oder altnordische Versepen. Unmöglich, daß so etwas ein Verrückter geschrieben haben sollte.
Fasziniert las ich die 200 Seiten starke Mappe ein ums andere Mal durch. Ein paar Tage später verabredete ich mich mit den Sellins und besuchte sie in ihrem kleinen Einfamilienhaus am Südrand Berlins, um Birgers Umfeld kennenzulernen.

Gegen Mittag komme ich dort an. Birger befindet sich noch im Hort für jugendliche Autisten, der dem Verein »Hilfe für das autistische Kind« angeschlossen ist und wo man ihn tagsüber betreut. Vor 16 Uhr, so sagt seine Mutter, wird man ihn nicht nach Hause bringen. Mir ist das ganz recht, da ich zunächst einmal in Ruhe das Terrain sondieren kann, auf dem unser erstes Zusammentreffen stattfinden soll. Ich fühle mich nicht sonderlich wohl bei diesem Gedanken: Ich weiß nicht, wie ich mich ihm gegenüber verhalten soll. Birgers Mutter empfiehlt mir, mich völlig normal und unverkrampft zu benehmen. Ich unterhalte mich eine Weile mit seinen Eltern und sehe mir das Haus an. Nichts deutet darauf hin, daß hier ein Autist lebt – alles sieht ganz »normal« aus.
Irgendwann lassen mich die Eltern mit Birgers Texten im Wohnzimmer allein. Ich sitze und lese: *ich will so gerne aus meinem isolierten leben herausfinden aus dekadenten verhaltensweisen in die ich mich einpanzere ich erfahre nur frustra-*

tion tagein tagaus ohne hoffnung es ist wie lebendig begraben sein die einsamkeit eines autisten ist wie ein wuchernder erdklumpen auf der seele ...

Mit einem kräftigen Ruck geht plötzlich die Tür auf, und Birger stürmt ins Zimmer. Als er mich sieht, erschrickt er und hält kurz inne. Groß und wuchtig, zugleich aber seltsam in sich verkrümmt, mit aus der Hose hängendem, bekleckertem Pullover, steht er ein paar Schritte vor mir. Sein unsteter, wirrer Blick hat mich sofort wieder fallengelassen und irrt im Zimmer umher. Dann dreht er schnaufend eine Runde um den Tisch, an dem ich sitze, und wirft sich auf das Sofa. Ohne eine weitere Notiz von mir zu nehmen, versetzt er seinen Oberkörper in monotone Schaukelbewegungen und stiert irgendwohin ins Leere. Aus dem vorgeschobenen Unterkiefer bläst er sich stoßweise Luft ins Gesicht. Sein Atem wird dabei immer heftiger und geht allmählich in ein lautstarkes Keuchen über. Nach einer Weile rutscht er auf den Fußboden hinunter, wo einige hundert Murmeln und Glasperlen verstreut liegen. Birger schaufelt eine Handvoll davon in einen Plastikbecher und läßt sie durch seine merkwürdig verkrümmten Finger zur Erde rieseln – ein Vorgang, den er ständig wiederholt. Mitunter mischt sich ein tiefes Stöhnen, irgendwo zwischen Wollust und Schmerz angesiedelt, in seine keuchenden Atemzüge, während die Murmeln unausgesetzt auf den Fußboden prasseln ...

Für einen Moment bin ich paralysiert. Soll dieser bedauernswerte, augenscheinlich vollkommen debile Junge tatsächlich der Verfasser jener Texte sein, die ich vor mir zu liegen habe? Sollte es möglich sein, daß Erscheinungsbild und Intellekt eines Menschen in einem derart schreienden Widerspruch stehen können? Dieser mit seinen Murmeln rieselnde Verrückte soll nicht nur überhaupt

einen Funken Verstand besitzen, sondern sogar über außergewöhnliche literarische Fähigkeiten verfügen?
Ich beobachte Birger eine Weile und rekapituliere, was ich inzwischen über ihn weiß: daß er sich nicht unter Kontrolle hat, daß er nicht sprechen, aber lesen und schreiben kann, daß er alles versteht, was ich sage, und alles registriert, was ich tue; daß er sozusagen in diesem Wesen wohnt, dessen Verhalten mir so unbegreiflich erscheint. Verwirrt schaue ich auf die vor mir liegenden Computerausdrucke – nun sehe ich erstmals den Verfasser: Er sitzt vor mir als ein bedrohliches, unheimliches Wesen und spielt auf eine derart exzessive Weise mit Murmeln, als hinge sein Leben davon ab.
Ich schlucke meine Verblüffung hinunter und spreche ihn an, erzähle, daß ich fasziniert von seinen Texten bin und über ihn schreiben möchte. Er zeigt nicht die Spur einer Reaktion. Zwanghaft rede ich weiter; schließlich darf ich mich von dieser Begegnung nicht aus dem Gleichgewicht bringen lassen. Während ich irgendwelche Banalitäten referiere, wird Birger immer unruhiger. Plötzlich schlägt er sich seinen rechten Handballen mehrfach ins Gesicht und beginnt zu schreien. Hilflos schaue ich zu, wie er immer lauter schreit und sich dabei in die Hände beißt. Dann verläßt Birger fluchtartig das Zimmer. Die Tür schlägt hinter ihm zu, und seine hohen, schrillen Schreie tönen durchs ganze Haus.

So verlief meine erste Begegnung mit dem neunzehnjährigen Autisten Birger Sellin am 26. Februar 1992. Es war zugleich meine erste Begegnung mit einem Autisten überhaupt. Mittlerweile ist mir ein Bruchteil der Tragödie aufgegangen, die das Leben Birgers und seiner Leidensgefährten umschließt. Vor allem Birgers Niederschriften haben mir diesen Einblick ermöglicht. Wie es überhaupt dazu kam, daß sich Birger seit August 1990 schriftlich äußern kann und welche Methode ihm dieses »Outing« ermöglichte, werde ich noch schildern.

Seit der beschriebenen Begegnung habe ich Birger mehrmals zu Hause besucht, mir den Hort angesehen, in dem er tagsüber betreut wird, und mit seinen Eltern sowie Personen aus seiner Umgebung gesprochen, um mir ein Bild von seinem Leben zu machen. Ich lernte ihn und seine Welt etwas näher kennen und auch ein wenig verstehen. Der unheimliche und bedrohliche erste Eindruck, den Birger in mir hervorrief, wich bald einer nuancierteren Sicht. Im Laufe der Zeit stellte ich fest, daß Birgers Gesichtszüge eigentlich ebenmäßig geformt sind und nur als Folge von tief in seinem Inneren tobenden Gewittern entgleisen und verzerrt werden. Daß ein Mensch seines Intelligenzgrades mit Murmeln spielt, erscheint mir inzwischen vollkommen einleuchtend. Unbegreiflich ist mir aber nach wie vor die schwindelerregende Kluft zwischen Birgers Texten und seiner äußeren Erscheinung.

Ein Bericht über Birger erschien am 31. Juli 1992 im Hamburger »Zeit-Magazin«. Der Wunsch seiner Eltern, Birgers täglich anwachsende Texte einer breiteren Öffentlichkeit zugänglich zu machen, nahm damals erste Gestalt an. Mit dem vorliegenden Buch wird dieses Anliegen nun in die Tat umgesetzt. Birger hat das Entstehen dieses Buches nicht nur nachdrücklich gewünscht, sondern auch aufmerksam verfolgt. Vor dem Hintergrund seines Leidens blieb die Publikation für ihn natürlich stets ein zweitrangiger Vorgang. Birgers gesamtes Sinnen und Trachten geht dahin, seinen Autismus zu besiegen und einen Platz in der Gesellschaft zu finden. Mit seinen Eltern und allen, die Birger kennen, teile ich die Hoff-

nung, daß er diesen Weg erfolgreich gehen wird. Es hat den Anschein, daß ihm die durch den »Zeit«-Beitrag hergestellte Öffentlichkeit dabei eine große Hilfe ist – Birger hat seitdem Dutzende von Briefen und Geschenken sowie mehrere Verlags- und Filmangebote bekommen.
Während der letzten Jahre sind verschiedene Bücher erschienen, in denen Autisten über ihren Weg aus dieser tückischen Krankheit berichteten. Diese »ehemaligen« Autisten sind normalerweise nicht vollständig geheilt, aber doch in der Lage, ein relativ selbständiges Leben zu führen. Der Autismus wird sie vermutlich nie gänzlich aus seinen Fängen entlassen; sie werden Zeit ihres Lebens Relikte der Behinderung mit sich tragen.
Das Besondere, ja Sensationelle an Birgers Texten demgegenüber ist, daß hier kein »geheilter« Autist Rückschau hält, sondern ein nach wie vor im Teufelskreis dieser Behinderung steckender Mensch unmittelbare Botschaften aus seinem autistischen Kerker übermittelt. Trotz seiner enormen Aufnahmefähigkeit und deskriptiven Begabung gehört Birger zu den am stärksten autistisch behinderten Menschen in Deutschland. Die Nachrichten, die wir von ihm erhalten, stammen aus einer Welt, die in einer unausrechenbaren Entfernung von der unsrigen existiert. Kaum etwas von dem, was hier Gültigkeit hat, gilt dort noch etwas. Daß aus dieser Welt überhaupt Botschaften zu uns dringen, grenzt an ein Wunder. Dabei besitzt Birgers Sprache einen eigenständigen ästhetischen Wert, der nicht nur als Kontrast zu seiner äußeren Erscheinung wirkt. Die Authentizität dieser aus größter Not geborenen Sprache ist für einen »normalen« Intellektuellen-Schriftsteller möglicherweise unerreichbar.
Bevor Birger für sich selbst spricht, werde ich, so gut es

mir als Außenstehendem möglich ist, seine Geschichte erzählen. Ich werde auch kurz zu schildern versuchen, was sich hinter dem Syndrom Autismus aus medizinischer Sicht verbirgt und was sich im Inneren eines Autisten ungefähr abspielt. Weil ein solches Vorhaben der Beschreibung eines fernen Sternes gleicht, von dem wir nur spärliche Informationen erhalten, sind Interpretationsfehler unvermeidlich. Ich bitte vornehmlich alle autistischen Menschen, die dieses Vorwort lesen werden, dafür um Nachsicht.

München, im Januar 1993
Michael Klonovsky

Birger. Das Verstummen

Die Katastrophe brach über den kleinen Birger herein, als er noch keine zwei Jahre alt war. In den letzten Monaten seines zweiten Lebensjahres verschwand er in einer anderen Welt, aus der für ihn bis heute kein Weg zurückführte. Wie es dazu kam, wo die Ursachen liegen, ist nicht bekannt. Es lassen sich lediglich die äußeren Umstände beschreiben, unter denen Birger im Autismus versank.

Birger kam am 1. Februar 1973 in Berlin (West) als erstes Kind der Katechetin Annemarie Sellin und des Jura-Studenten Dankward Sellin zur Welt. Der Junge entwickelte und verhielt sich völlig normal. Keinerlei Anzeichen deuteten auf einen eventuellen psychischen Defekt. Im Gegenteil, Birger war ein aufgeschlossenes, vergnügtes und allseits beliebtes Kind, das sehr früh zu sprechen begann.

Im Oktober 1974 brachten die Eltern ihren Sohn zum ersten Mal probehalber in einen Kindergarten. Zur Eingewöhnung sollte Birger lediglich für zwei Vormittagsstunden in der Einrichtung bleiben. Als die Eltern den Jungen mittags abholen kamen, schrie er »wie am Spieß« (so seine Mutter) und war nur schwer zu beruhigen. Tags darauf bot sich das gleiche Bild, so daß die Eltern sich entschlossen, ihren Sohn künftig zu Hause zu behalten.

Kurz darauf wurde Birger krank. Wochenlang litt er an wiederkehrenden Mittelohrentzündungen und Brechanfällen. Nach drei Monaten schien die Krankheit glücklich überstanden, doch Birger war ein anderer Mensch als zuvor. Er schrie nach jedem Mittagsschlaf, er schrie, sobald er das Haus verlassen sollte und zeigte eine geradezu panische Angst vor anderen Kindern. Gleichzeitig begann seine Sprache zu versiegen. Birger stammelte nur noch vereinzelte Worte. Sein Wortschatz wurde immer kleiner. Eines Tages verstummte er vollends. Auf seine Eltern reagierte er nicht mehr und wich jedem Blickkontakt aus. Hilflos mußten Vater und Mutter zusehen, wie sich ihr Kind vor ihnen zurückzog und förmlich implodierte.

Der erste Arzt, den die Eltern mit Birger konsultierten, sah jedoch keinen Grund zur Beunruhigung: Es handele sich lediglich um eine Entwicklungsstörung. Die »Störung« indes dauerte an. Die Eltern gingen mit ihrem Jungen zu weiteren Ärzten. Birgers Kopf wurde mit aller Akribie untersucht, er wurde geröngt, tomographiert – ohne Ergebnis.

Auf eine Empfehlung hin brachten Annemarie und Dankward Sellin ihren Sohn im Oktober 1975 zur Untersuchung in die Berliner Kinder- und Jugendpsychiatrie Wiesengrund. Dort hieß es, Birger müsse sechs Wochen stationär behandelt werden. Die Eltern stimmten nach einigem Zögern zu – »ein ganz schwerer Fehler«, wie Dankward Sellin heute zurückblickend meint. Aus den sechs Wochen wurde ein halbes Jahr. Die ständige Vertröstung, Birger sei »noch nicht so weit«, eine in Aussicht gestellte Heilung und die zynische Frage, was sie mit dem Jungen denn sonst machen wollten, veranlaßten die Eltern, der Behandlungsverlängerung immer wieder zuzustimmen. Bei den täglichen Besuchen wirkte Birger zwar völlig apathisch, »schien sich aber zugleich über unser Kommen zu freuen« (die Mutter). Fortschritte in der Behandlung zeigten sich nicht. Das Ergebnis der halbjährigen Therapie war ein Krankenbericht mit der haarsträu-

benden Diagnose, Birger leide »vermutlich« an einer »postenzephalitischen Retardierung« (geistige Rückbildung infolge einer Gehirnzellenentzündung).
Die Ratlosigkeit der Eltern wuchs. Wochenlang blieben sie abwechselnd bei ihrem kommunikationsunfähigen Sohn zu Hause. Der wiederum saß teilnahmslos im Zimmer, schaukelte ununterbrochen mit dem Oberkörper und reagierte auf nichts.
Ein Integrationskindergarten für bewegungsgestörte Kinder in Berlin-Friedenau nahm Birger schließlich auf, obwohl er nicht in das zu behandelnde Krankheitsbild paßte. Einmal beobachteten die Eltern, wie andere Kinder versuchten, Birger zum Sprechen zu zwingen, indem sie ihn mit Stöcken piesackten. »Sein Panzer«, kommentiert Annemarie Sellin, »muß Stück für Stück gewachsen sein.«
Einen Lichtblick brachte der Aufenthalt im Friedenauer Kindergarten indes: Eine der ihm dort gestellten Aufgaben, die Zuordnung von Memory-Karten, hatte Birger jedesmal in Sekundenschnelle bewältigt und damit demonstriert, daß er immer noch über kognitive Fähigkeiten verfügte. Zu Hause verbrachte er inzwischen die meiste Zeit mit dem stereotypen Blättern in Büchern, die er sich aus der elterlichen Regalwand nahm. Ständig hatte der Junge Bücher um sich herumliegen, die er ruckartig durchblätterte und dabei heftig zerknickte oder der völligen Auflösung preisgab. Mitunter hatten seine Eltern den Eindruck, er mauere sich geradezu hinter Bücherstapeln ein. Auch wenn er die Bücher einmal durch Bauklötze ersetzte, zog der Junge immer regelrechte Mauern um sich.
Als Birger viereinhalb Jahre alt war, brachten ihn seine Eltern auf den Rat einer befreundeten Psychologin zur

Untersuchung in die Klinik der Berliner Freien Universität. Dabei fiel zum ersten Mal der Begriff »Autismus« – damals eine hierzulande noch nahezu unbekannte Krankheit. Die Diagnose lautete »kindlicher Autismus«, und das hieß zugleich: nach aller Voraussicht unheilbar.

Diese Erkenntnis veränderte das Leben von Annemarie und Dankward Sellin endgültig von Grund auf. Karriere, Urlaub, Abende bei Freunden, das sollten fortan Dinge sein, auf die zumindest einer von ihnen verzichten mußte. Birger würde kein normales Kind werden, das man allein lassen oder zum Spielen auf die Straße schicken könnte.

Zu dieser Zeit konstituierte sich in Westberlin der Verein »Hilfe für das autistische Kind e. V.«. In Gestalt der dort tätigen Psychologin Margard Breinlinger trat zum ersten Mal ein Mensch in das Leben Birgers, »der Verständnis für ihn zeigte« (die Mutter). Der Junge wurde in die Frühförderungseinrichtung des Vereins aufgenommen, wo er lernte, allein zu essen, sich selbst anzuziehen, sich die Zähne zu putzen und allein zur Toilette zu gehen. Erstmals hatten seine Eltern das Gefühl, daß ihr Kind gut aufgehoben war. Birger wurde nicht mehr so oft krank wie zuvor, er schrie nicht, wenn seine Eltern ihn in der Einrichtung abgaben, und es hatte den Anschein, daß er sich dort wohl fühlte.

In den folgenden Jahren durchlief Birger die altersmäßig gestaffelten sechs Einrichtungen des Vereins, wo er täglich von 9 bis 15 Uhr betreut wurde. Er wurde allmählich relativ selbständig. Die Eltern konnten mit ihm spazierengehen oder ihn mit zum Einkaufen nehmen. Birger verrichtete auch kleinere Arbeiten im Haushalt. Er sprach allerdings nach wie vor kein Wort und blieb immer auf dem Entwicklungsniveau eines Kleinkindes. Sein gedankenverlorenes Hantieren mit Büchern trat hinter eine neue Stereotypie zurück, die in der Folgezeit zu Birgers Lieblingsbeschäftigung avancierte: Stundenlang ließ er wie hypnotisiert Murmeln und Glasperlen durch seine Hände kullern. Dasselbe Spiel konnte er mit ähnlicher Intensität im Garten oder auf dem Spielplatz betreiben, indem er statt der Kugeln Sand durch seine Hände rieseln ließ.

Birgers Lieblingsplatz daheim befand sich im Wohnzimmer unter dem Eßtisch, wo er sich offenbar am meisten geschützt fühlte. Außer daß er sich geistig partout nicht entwickeln wollte, bereitete er seinen Eltern kaum noch Probleme: Der Junge hatte sich seiner Umgebung bis zur Unauffälligkeit angepaßt. Auch auf Besucher reagierte Birger nicht. Wenn etwa Annemarie Sellin ihre Studienkolleginnen empfing (sie studierte von 1977 bis 1982 an der Berliner Freien Universität Psychologie), saß Birger, ohne sich bemerkbar zu machen, stundenlang unter dem Tisch und spielte mit seinen Murmeln. Als er sechs Jahre alt war, konnten ihn seine Eltern sogar auf eine Urlaubsreise nach Kreta mitnehmen, ohne daß der Junge ihnen dort die geringsten Schwierigkeiten bescherte.

Daß sich Birger beharrlich jeder Entwicklung verschloß, bereitete auch den Therapeuten im Hort einiges Kopfzerbrechen. Immer wieder nötigte er sie, in der Therapie bei Null anzufangen. Kleine Fortschritte – wenn er beispielsweise Striche nachmalte oder einen Turm aus Holzklötzen baute – wurden als Erfolge gefeiert. Vom achten Lebensjahr an erhielten die Autisten im Hort zusätzlich eine Art Unterricht durch Lehrer aus Lernbehindertenschulen. Birgers totales Desinteresse am Unterricht wertete man als Überforderung, so daß

das Niveau der an ihn gestellten Aufgaben ständig gesenkt wurde.
Die Eltern hatten jedoch mitunter das Gefühl, daß der Junge sie beobachtete und verstand. Der Gedanke, daß in diesem fremden und abgeschotteten Wesen Intelligenz schlummern könnte, wurde durch Birgers Verhältnis zu seinen Murmeln genährt. Obwohl zu seinem Fundus Hunderte Murmeln und Glasperlen gehörten, schien er sofort zu bemerken, wenn auch nur eine davon fehlte: Er wurde unruhig und machte sich auf die Suche nach dem verlorengegangenen Gegenstand. Die Murmeln waren auch der Anlaß für den einzigen Satz, den Birger bis heute gesprochen hat. Vater Dankward hatte ihm im Scherz eine davon weggenommen, woraufhin ihn der Junge klar und deutlich aufforderte: »Gib mir die Kugel wieder!« Dankward Sellin war wie vom Donner gerührt, und seine Frau kam mit einem Aufschrei aus dem Nebenzimmer gerannt. Tagelang bestürmten die Eltern ihren Sohn, er möge noch einmal irgend etwas sagen. Vergebens: Es blieb der einzige Satz. Danach herrschte wieder jahrelanges Schweigen.

Autismus. Das Innenleben

Was sich in der Welt eines Autisten abspielt, ist in unseren Denkschemata kaum nachvollziehbar. Unser Denken unterliegt von Kindesbeinen an einem Entwicklungs- und Anpassungsprozeß, den Autisten nicht leisten können. Die Gründe dafür sind bis heute unbekannt. Festhalten läßt sich jedoch zunächst zweierlei:

Autismus ist eine nicht vollbrachte Anpassungsleistung und: Autismus ist ein Rückzug.
Man kann davon ausgehen, daß Autisten unser normales Leben als unberechenbar und chaotisch empfinden. Von diesem Chaos fühlen sie sich bedroht. Je nach dem Grad ihrer Behinderung sind Autisten unfähig, Wahrnehmungen zu hierarchisieren; ihnen fehlt quasi der Filter, um von außen auf sie wirkende Eindrücke in wesentliche und unwesentliche zu gliedern. Mit geballter Macht stürzt die Außenwelt auf den Autisten ein. Sprache klang für sie »wie ein anstürmender Güterzug«, berichtete beispielsweise eine später sozialisierte amerikanische Autistin rückblickend. (Der Begriff »geheilt« wäre, wie bereits angedeutet, heikel und nicht ganz stimmig.) Vor diesem Sperrfeuer der Eindrücke vermag sich ein autistisches Kind nur dadurch zu retten, indem es frühzeitig Mechanismen entwickelt, die Außenwelt weitgehend zu ignorieren. »Es ist der äußerste Defätismus, den das autistische Kind in bezug auf seine Fähigkeit, die Umwelt zu handhaben, an den Tag legt. Statt daß sein Handeln Ergebnisse nach sich zöge, vermag es nur eines: Ergebnisse daran hindern, daß sie stattfinden«, konstatiert der österreichisch-amerikanische Psychoanalytiker Bruno Bettelheim.
Der Rückzug hinter den Panzer des Ichs verbindet sich zwangsläufig mit dem Verlust der Kommunikationsfähigkeit. Das für Kinder elementare Kennenlernen der Umwelt durch Erkunden und Spielen ist autistischen Kindern so gut wie unmöglich. Sie erkunden ihre Umwelt extrem langsam und nur innerhalb eines streng begrenzten Kreises. Auf menschlichen Kontakt reagieren sie zumeist überhaupt nicht, Blickkontakten weichen sie aus. Scheinbar lernunfähig bleiben sie auf frühen Soziali-

sierungsstufen stehen. Der Sozialisierungsprozeß, den der »Normalmensch« unbewußt und automatisch vollzieht, ist Autisten aufgrund ihrer beeinträchtigten Informationsverarbeitung verwehrt.

Autistische Kinder können das Verhalten ihrer Umgebung nicht interpretieren, weil es für sie *keinen Sinn* ergibt. Das Erkennen praktischer kausaler Zusammenhänge ist ihnen weitgehend unmöglich. Die Umwelt erscheint deshalb fremd und drohend. Möglichst wenig von ihr zur Kenntnis zu nehmen und in ihr so unauffällig wie möglich zu verharren, scheint das Hauptziel des autistischen Kindes. Die meisten Autisten verspüren eine panische Angst, sobald sich in ihrem Umfeld Veränderungen ereignen, die sie sich nicht erklären können. (Wenn hier im Wechsel von Autisten und autistischen Kindern die Rede ist, so deshalb, weil sich die meisten diagnostizierten Autisten im Kindes- oder Jugendalter befinden. Das hängt damit zusammen, daß das autistische Syndrom in Deutschland erst seit relativ kurzer Zeit bekannt ist und viele erwachsene Autisten ihr Dasein unter anderer Diagnosestellung in psychiatrischen Einrichtungen fristen. Andere erwachsene Autisten werden von ihren Eltern seit Jahren zu Hause gepflegt – wobei es vorkommt, daß die Eltern ihre erwachsenen Familienangehörigen wegen des infantilen Verhaltens immer noch als ihre »Kinder« bezeichnen.)

Als Reaktion auf das von ihnen empfundene Chaos schaffen sich Autisten eine streng ritualisierte Privatwelt. Da sie sehr wohl eine eigenständige Individualität auszubilden vermögen, sind diese Riten vielfach verschieden. Identisch ist nur der Zweck: Es sind innere Sicherheitssysteme – Ordnungsinseln, auf die sie sich bei Bedarf (und der besteht fast permanent) zurückziehen können. Dazu gehören vor allem verschiedene Formen von Stereotypien: Die ständige Wiederholung des gleichen Vorgangs garantiert ein Minimum an kalkulierbarer Sicherheit.

Neben völliger Teilnahmslosigkeit und Introvertiertheit sind die Stereotypien das augenfälligste Merkmal des autistischen Zustands. Diese rätselhaften Verhaltensweisen sind sozusagen die einzigen Signale, die von Autisten ausgesendet werden. Ihre Primitivität wurde und wird oft fehlinterpretiert und auf den Intelligenzgrad der Betreffenden verallgemeinert. Ein großer Irrtum: Das anscheinend sinnlose Benehmen ist eine Anpassungsleistung ganz eigener Art. Sie führt zwar nicht in die Gemeinschaft der anderen, wie die »normale« Anpassung des Menschen an seine Umwelt, fungiert aber statt dessen als sinngetragene Ausweichhandlung. Die Stereotypien sind sozusagen eine vorgeschobene Bastion vor dem autistischen Bollwerk; sie bilden den zentralen Bestandteil eines »Meidesystems«, wie die Verhaltensforscher Elisabeth und Niko Tinbergen formulieren.

Aus der Sicht des »normalen« Betrachters wirken diese Wiederholungshandlungen freilich ziemlich verrückt. Um eine Vorstellung davon zu vermitteln, will ich das Bild beschreiben, das sich mir beim Besuch des Hortes für jugendliche Autisten bot: Ein Mädchen stand an der Wand und pendelte seinen Oberkörper mit weit ausladenden Bewegungen von einer Seite zur anderen, wobei es die Arme auf dem Rücken verschränkt hielt und bei jeder Pendelbewegung das gesamte Körpergewicht auf das Standbein legte. Ein anderes Mädchen drehte einen Ball wie einen Brummkreisel vor sich, stand dazwischen auf und schleuderte den Ball mehrmals mit voller Kraft auf den Fußboden. Ein Junge saß leger auf dem Boden ausgestreckt und blickte mit leicht angehobenem Kopf zur Zimmerdecke, wobei er in gewissen Abständen die Stellung des Kopfes zur Seite veränderte. Zwischen diesen dreien saß Birger und spielte mit seinen Murmeln.

Andere häufig zu beobachtende autistische Stereotypien sind zum Beispiel: pausenloses Drehen auf der Stelle, ständiges Vor- und Zurückgehen, Beineschlenkern, Hin- und Herrollen, das unentwegte Wedeln mit Gegenständen oder ständige Drehen eines Gegenstandes. Diese Handlungen werden mit einer geradezu manischen Hingabe und Selbstvergessenheit betrieben. Sie habe als erstes gelernt, sich »in allem zu verlieren«, beschreibt die australische Autistin Donna Williams diesen Zustand. Die stereotypen Bewegungsabläufe verkörpern also ganz offenkundig einen lebensnotwendigen Vorgang.

Ebenfalls typisch für viele Autisten ist die Beibehaltung und stereotype Wiederholung kleinkindlicher Verhaltensweisen und »schlechter Gewohnheiten«, zum Beispiel Schmieren mit Essen, Wasserspiele im Badezimmer oder ständiges Ein- und Ausschalten der Zimmerbeleuchtung. Sprechende Autisten fallen zusätzlich durch Sprachstereotypien auf (die sogenannte Echolalie). Ständig wiederholen sie dieselben Worte oder sprechen einfach nach, was man zu ihnen sagt. Das ballspielende autistische Mädchen im Hort kam auf mich zu und fragte mich nach meinem Namen. Nachdem ich mich vorgestellt hatte, entfernte sie sich, wobei sie immer wieder »Michael – Michael – Michael« echote. Die tieferen Bewußtseinsschichten bleiben auch bei sprechenden Autisten verborgen: Das Innere wird durch die Sprache geschützt und nicht geöffnet.

Schweigen – mindestens jeder dritte Autist bleibt stumm – verkörpert demgegenüber einen noch stärkeren Selbst-

schutz. Daß auch bei stummen Autisten Sprache vorhanden ist, wird nicht ausgeschlossen. Doch was sollten sie damit anfangen? Elisabeth und Niko Tinbergen, die sich jahrelang mit autistischen Kindern beschäftigt haben, kommen zu dem Schluß, »daß ein autistisches Kind nicht spricht, weil es infolge seiner anomalen Angst oder der Unterdrückung seines Sinns für soziale Kontakte entweder nicht sprechen *will* oder nicht zu sprechen *wagt.* Da Sprache eine Form sozialen Kontakts ist, erscheint es uns einleuchtend, daß auch das Sprechen gehemmt sein muß, wenn das ganze System sozialen Verhaltens unterdrückt ist.«
Man nimmt zugleich an, daß die Stereotypien nicht nur eine Schutzfunktion darstellen, sondern darüber hinaus den nach außen gekehrten Ausdruck eines inneren Konfliktes verkörpern. Der amerikanische Nervenarzt Carl H. Delacato bezeichnet die Ritualhandlungen als »verzweifelten Hilfeschrei«, den die Autisten »unaufhörlich aussenden«. So haben Beobachtungen ergeben, daß die Intensität der Stereotypien in Situationen zunimmt, die von den Betroffenen als Gefahr empfunden werden. Elisabeth und Niko Tinbergen vermuten hinter den Stereotypien einen permanenten Motivationskonflikt: Der Autist will eine Handlung ausführen, fühlt sich aber dazu nicht in der Lage und schreckt zurück. Der innere Schwebezustand wird durch die Stereotypien nach außen kanalisiert.
Ungewöhnlich ist diese Form der Reaktion auf eine Konflikt- oder Angstsituation übrigens nicht. Gefangene Tiere beispielsweise wiederholen im Käfig unentwegt tradierte Bewegungen, zum Teil in abgewandelter Form. Ihre Käfig-Realität erzeugt also eine Reaktion, die der des Autisten vergleichbar ist – woraus man folgern kann,

daß die Situation offenbar Ähnlichkeiten aufweist. Doch auch wir »Normalmenschen« reagieren auf bestimmte Streßsituationen mit Stereotypien: Wir kratzen uns am Kopf, beißen uns auf die Lippe, bewegen Gegenstände unmotiviert hin und her, ziehen nervös an den Haaren, wippen mit den Füßen, saugen hektisch an Zigaretten, gehen im Zimmer auf und ab und dergleichen mehr. Im Gegensatz zum Autisten, der seinen Konflikt nicht lösen kann und in ihm verharrt, werden diese kurzzeitigen Stereotypien jedoch durch gezielte kommunikative Handlungen abgelöst: Während sich der Autist im Extremfall mangels anderer Alternativen die Haare ausreißt oder die Finger wundbeißt, gehen wir »zur Sache« über.

Zu den stereotypen autistischen Grundmustern gehören auch die Gleicherhaltung der Umgebung sowie die Einhaltung eines regelmäßigen Tagesablaufs. Wird dieser Rhythmus unvorbereitet verletzt oder tritt ein anderes als bedrohlich empfundenes Ereignis auf sie zu, reagieren Autisten oftmals panisch. Das Chaos droht die Oberhand zu gewinnen und sie zu verschlingen. Als Reaktion darauf »rasten« sie oftmals aus, es kommt zu Autoaggressionen und – weit seltener – zu aggressiven Handlungen gegen andere. Diese Autoaggressionen, bei denen sich manche Autisten ungeheuere Verletzungen zufügen, haben ebenfalls zum Nimbus des Grotesken und Unheimlichen beigetragen, der diese Behinderung umgibt. Geht man jedoch davon aus, daß sich Autisten einerseits ständig bedroht fühlen und nur ein Tropfen dieses Faß zum Überlaufen bringen kann, und daß sie andererseits ihre Umwelt für nicht beeinflußbar halten, werden solche Handlungen verständlicher.

Wenn sich Autisten aggressiv oder selbstschädigend verhalten, tun sie dies zumeist in Situationen höchster Not. Ihr aggressives Verhalten entspricht dann dem eines in die Enge getriebenen Tieres. (Besonders bezeichnend dafür ist die Geste des Um-sich-Schlagens.) Die Autoaggressionen wiederum verkörpern lediglich umorientierte Aggressionen: Da ein Angriff auf die als Bedrohung empfundene Person oder Sache nicht gewagt wird, richtet sich der unkontrollierte Verzweiflungsausbruch gegen die eigene Person.

Doch nicht nur auf Bedrohung reagieren Autisten mit wütenden Attacken gegen sich selbst. Auch wenn sie sich gekränkt oder mißverstanden fühlen, kann es zu solchen Ausbrüchen kommen: Sie verfügen über keine andere Möglichkeit, ihren Unwillen zu äußern. Manche Autisten fügen sich auch Schmerzen zu, um die Eigenwahrnehmung zu bestätigen. Die bereits zitierte Autistin Donna Williams beschreibt den Vorgang der Selbstverletzung als Versuch, »zu testen, ob man tatsächlich wirklich ist. Da kein anderer Mensch direkt erlebt wird, weil alle Gefühle an einer Art geistigem Kontrollpunkt aufgehalten werden, kann man sich leicht fragen, ob man tatsächlich existiert.« Solchen »Test«-Handlungen fehlt allerdings der aggressive Gestus, auch wenn sie für den Betrachter brutal wirken (etwa wenn sich Autisten bis aufs Blut kratzen): Sie werden nicht durch Angst ausgelöst.

Trotz ihrer geringen Sozialisation und dem Beibehalten infantiler Verhaltensweisen verfügen Autisten nicht selten über einen hochentwickelten Intellekt. Oftmals handelt es sich um sogenannte Inselbegabungen, zum Beispiel im mathematischen Bereich oder in der Merkfähigkeit. Autisten können durchaus die verschiedensten Dinge lernen, was scheinbar im Widerspruch zu allem bisher Gesagtem steht. Dieses Nebeneinander von äußerlicher Zurückgebliebenheit beziehungsweise Debilität auf der einen und geistigem Eigenleben auf der anderen Seite ist für die Entwicklungspsychologie ein bislang unerklärliches Rätsel.

Natürlich muß man in der Frage der Sonderbegabungen stark differenzieren. Nicht jeder Autist verfügt über spezielle Fähigkeiten, und nichts wäre falscher, als hier Idealbilder zu zeichnen. Auch der Grad der autistischen Behinderung ist in jedem Fall verschieden, so daß keine einheitlichen Bewertungsmuster zugrunde gelegt werden können. Doch daß beispielsweise noch 1989 in einer britischen Fachzeitschrift behauptet wurde, rund 60 Prozent aller autistischen Patienten verfügten über einen Intelligenzquotienten von weniger als 50 und gehörten damit zu den geistig Behinderten, ist grotesk. Wie, fragt man sich unwillkürlich, will man denn den Intelligenzquotienten eines Menschen messen, der entweder unfähig oder nicht willens ist, mit dem Tester zu kommunizieren?

Interessanterweise lernen Autisten beinahe ausschließlich Dinge, die keinen Bezug zu ihrem gestörten Sozialverhalten herstellen und die sie sich ohne Hilfe aneignen können. Auch hier steht offenbar der Zwang zum System im Mittelpunkt. Die Beschäftigung mit systematischen, abstrakten Gegenständen – Zahlen etwa – ist ihnen nicht nur möglich, sondern erscheint aus Gründen innerer Sicherheit vielleicht sogar notwendig. Ähnlich wie die körperlichen Stereotypien, die selbst der intelligenteste Autist beibehält, kann das Erlernen und ständige Rekapitulieren in sich geschlossener Denkschemata Sicherheit spenden. Wissenschaftliche Systeme sind bekanntlich Gegenmodelle zum Chaos. Man kann den autistischen Zustand vielleicht als eine verzweifelte Suche nach Ordnung und Regelmäßigkeit charakterisieren.* Es entsteht jedenfalls das für den Normalmenschen schwer nachvollziehbare Phänomen, daß manchen Autisten das System der Mathematik oder der Musik logischer und leichter zu begreifen erscheint als beispielsweise der Gang zum Supermarkt, der einem Weg durchs Chaos gleichkommt. Wir nehmen diese Komplexität der Außenwelt überhaupt nicht wahr; ob auf dem Weg zum Supermarkt hundert oder zweihundert Autos an uns vorüberfahren, ist ebenso unwesentlich wie deren Farbe oder die Anzahl verschiedener Schokoladentafeln im Regal. Manche Autisten geraten jedoch schon in Panik, wenn auf dem Frühstückstisch zu viele oder unbekannte Gegenstände stehen.

Andererseits ist die Aufnahmefähigkeit vieler Autisten kolossal. In den sechziger Jahren machte in den USA ein autistisches Zwillingspaar Furore. Die beiden Jugendlichen verfügten über ein unglaubliches Zahlengedächtnis; sie warfen sich zehn- bis zwanzigstellige Primzahlen zu wie andere Kinder Tennisbälle, und bei einer Art Quiz glänzten sie damit, beliebigen Datumsangaben der jeweils vergangenen und kommenden 40 000 Jahre in Sekundenschnelle den entsprechenden Wochentag zuzuordnen. Da die Zwillinge zugleich aber nicht in der Lage waren, eine simple Divisionsaufgabe zu lösen, kam man zu der Annahme, daß sie über ein sogenanntes eide-

* Hierzu eine interessante Randbemerkung. Mir sind zwei Fälle berichtet worden, daß »ehemalige«, also ins normale Leben integrierte Autisten sogar im Besitz eines Führerscheins sind. Da sie, wie gesagt, nie hundertprozentig vom Autismus geheilt werden können, scheint dieser Umstand verblüffend. Das Rätsel löst sich jedoch ganz simpel: Der Straßenverkehr funktioniert *nach Regeln* und ist damit dem totalen Chaos offenbar immer noch einen Schritt voraus.

tisches (fotografisches) Gedächtnis verfügten und die Zahlen quasi »sahen«. Im Film »Rain Man«, der trotz seiner melodramatischen Machart das Phänomen Autismus erstmals ins allgemeine Bewußtsein rückte, kannte die Titelfigur, ein von Dustin Hoffman dargestellter Autist, das Telefonverzeichnis einer ganzen Stadt auswendig. Dabei handelte es sich keinesfalls um filmische Übertreibung: Es ist keine Seltenheit, daß Autisten Lexika, Fachliteratur, Stadtpläne und dergleichen auswendig lernen. Professor Hans Kehrer vom Institut für Autismusforschung in Münster berichtete von einem Autisten, der zwar die Uhrzeit nicht ablesen konnte, dessen hirnphysiologische Kenntnisse jedoch umfangreicher waren als die seines Psychologen. Andere Autisten wiederum besitzen eine phantastische Merkfähigkeit für Bilder und können in Zeichnungen die unglaublichsten Details einer Beobachtung wiedergeben. Für solche Personen gibt es in der Psychiatrie-Sprache die wenig schmeichelhafte Bezeichnung »idiot savant« (»gescheiter Idiot«).
Das intellektuelle Eigenleben vieler Autisten ändert nichts an der Tatsache, daß sie ihre Existenz als ständig bedroht empfinden. Vielleicht muß man sich den inneren Zustand eines Autisten als eine Mischung aus Dauerstreß und tödlicher Langeweile vorstellen, wobei der Dauerstreß durch permanente Angstgefühle erzeugt wird. Diese Angst, vermutet Bruno Bettelheim, ähnele »an Intensität der Angst unmittelbar vor dem Tode«. Bettelheim, der als Jude in zwei deutschen Konzentrationslagern einsaß, vergleicht die Situation der Autisten sogar mit der von KZ-Häftlingen. Er bezieht den Vergleich vor allem auf Gefangene, die keine Reaktion mehr auf ihre extrem lebensfeindliche Umgebung zeigten und in völliger Apathie versanken. Wie die damaligen Lager-

häftlinge seien auch Autisten, so Bettelheim, einer »Extremsituation« ausgeliefert, die durch folgende Faktoren gekennzeichnet sei: Sie tritt völlig unausweichlich ein, ist von ungewisser Dauer, stellt eine permanente (reale oder empfundene) Lebensbedrohung dar, läßt kommende Ereignisse als unvorsehbar erscheinen und schließt zugleich die absolute Unfähigkeit ein, etwas dagegen zu unternehmen.
Dieser Vergleich mag vielleicht konstruiert wirken. Er illustriert aber eines nachhaltig, nämlich daß Autismus ein Leiden ist, von dessen entsetzlichen Ausmaßen für die Betroffenen wir wahrscheinlich keine Vorstellung besitzen. Man kann nur schaudernd ahnen, wie viele Autisten unerkannt ihr Leben in Psychiatrien und Irrenhäusern fristen mußten (und müssen!), festgeschnallt, mit Medikamenten vollgepumpt oder eingesperrt, bevor dieses Syndrom in seiner Eigenart halbwegs erkannt und behandelt wurde.

Autismus. Theorien

Ich habe im vorigen Abschnitt versucht, ein Bild des autistischen Innenlebens zu zeichnen. Über eine Zustandsbeschreibung von der Warte des äußeren Betrachters und eine Reihe von Mutmaßungen bin ich nicht hinausgekommen. Offen bleibt also nach wie vor die Frage: Was ist denn nun eigentlich Autismus?
Der Begriff stammt vom griechischen Wort »autós« (»selbst«); Autismus könnte also in »Selbstbezogenheit« oder »Selbstisch-Sein« übersetzt werden. In älteren Lexi-

ka kursiert Autismus noch als »Tagträumerei« oder »Geisteskrankheit mit Wahnvorstellungen«. Schlagen wir deshalb im neuesten Brockhaus nach. Autismus, steht dort zu lesen, ist »die von E. Bleuler (1911) in die Psychiatrie eingeführte Bezeichnung für psychotische (meist schizophrene) Persönlichkeitsstörungen, die durch extreme Selbstbezogenheit und Insichgekehrtheit sowie durch phantastisch-traumhaftes, frei-assoziatives und affektiv-impulsives Denken und Sprechen (autistische Sprache) gekennzeichnet sind; später auch auf ähnliche, nichtpsychotische Verhaltensformen ausgedehnt«. Frühkindlicher Autismus, lesen wir weiter, »ist eine kindliche Entwicklungsstörung, die als angeboren gilt und sich (oft erst rückwirkend bemerkt) bereits im ersten Lebensjahr zeigt. ... Symptome sind u. a. abnorme Verschlossenheit, Ablehnung von Zuwendung, Angst vor Veränderungen in der Umwelt, keine oder nur verzögerte und gestörte Sprachentwicklung, so daß autistische Kinder, vielfach trotz normaler Intelligenz, im Vergleich zu ihrer Altersstufe behindert sind. ... Als wahrscheinliche Mitursache wird eine Störung der Wahrnehmungsverarbeitung angenommen, die auf hirnorganische Veränderungen zurückzuführen sein dürfte.«
Man sieht, der letzte Satz, der auf die Ursachen eingeht, steht mit den Formulierungen »wahrscheinlich«, *»Mit*ursache«, »angenommen« und »zurückzuführen sein dürfte« sozusagen vierfach im Konjunktiv. Insofern ist dieser Satz sehr bezeichnend: Viel weiter ist die Ursachenforschung in der Tat noch nicht. Und, was für die Betroffenen ungleich bedeutender ist, die Therapie steckt ebenfalls noch im tastenden Anfangsstadium. Es gebe zum Thema Autismus, konstatierten Niko und Elisabeth Tinbergen 1984, »eine Ansammlung unzusammenhängen-

der Tatsachen ohne theoretische Fundierung«. Trotz sich häufender Erklärungsmodelle ist dies nach wie vor der Status quo. »Je mehr man sich mit Autismus beschäftigt«, kommentiert Birgers Therapeutin, die bereits erwähnte Berliner Psychologin Margard Breinlinger, »desto unklarer wird das Bild.«

Werfen wir einen kurzen Blick auf einige Kapitel aus der Geschichte der Autismusforschung. Im Jahre 1943 beschrieb der amerikanische Kinderpsychiater Leo Kanner als erster das Syndrom, wie wir es im vorigen Abschnitt kennengelernt haben. Diese Beschreibung war grundlegend, auch wenn sie später immer weiter ergänzt wurde. Mit seiner Ansicht, daß die Behinderung auf negative Einflüsse aus dem Elternhaus zurückzuführen sei, wurde Kanner jedoch zum Auslöser einer unheilvollen Entwicklung. Zahlreiche Eltern autistischer Kinder, als »Kühlschrank-Eltern« verunglimpft, hatten jahrzehntelang unter diesem Vorurteil zu leiden.

Die psychoanalytische Forschung bemächtigte sich der These, und vor allem Bruno Bettelheim wurde zu ihrem Sprachrohr. Bettelheim unterstreicht die immense Bedeutung der frühkindlichen Erfahrung, das Verhalten der Umwelt durch erste Kommunikationshandlungen beeinflussen zu können. Eine permanente Nicht-Reaktion der Mutter (beziehungsweise der Eltern) auf die Wünsche des Säuglings, so ist seine Überzeugung, ziehe verheerende psychische Folgen nach sich: Der Säugling reagiere frustriert und beginne, sich abzukapseln. Die autistische Anlage, postuliert Bettelheim dann, »gründet in der Überzeugung, daß die eigenen Anstrengungen die Welt nicht beeinflussen können, und diese Überzeugung wiederum basiert auf der früher gewonnenen Überzeugung, daß die Welt auf die eigenen Reaktionen gefühllos reagiert«. Mit anderen Worten: Die Eltern sind schuld. Reagiert die Mutter auch noch »falsch« auf die Wünsche des Säuglings, indem sie Dinge tut, die das Kind nicht verlangt, verwandelt sie sich laut Bettelheim sogar in eine Bedrohung. (In dieses Umfeld gehört auch die Hypothese, daß das Kind die unsachgemäß dargebotene Mutterbrust ablehne, weil es an ihr zu ersticken drohe.) Die Reaktion des Säuglings wiederum sei die totale Beendigung der Kommunikation aus der gewonnenen Überzeugung, jedes Handeln löse »katastrophale Folgen« aus.

Bei Bettelheim erleben autistische Kinder die Tragödie der Märchengestalten Hänsel und Gretel: Die zurückweisende Mutter verwandelt sich im Geist in die alles verschlingende Hexe, vor der die Kinder zu autistischen Pfefferkuchenfiguren erstarren. Ohnmächtig sind sie der von der Hexe ausgehenden Dauergefahr ausgesetzt.

Diese Theorie der »eiskalten Mütter«, welche, so Bernard Rimland, Direktor des Autism Research Institute in San Diego (USA), »die amerikanische Kinderpsychiatrie fast ein halbes Jahrhundert beherrschte und sich in einigen europäischen Ländern noch bis zum heutigen Tag hält«, hat jedoch »noch nie ein autistisches Kind geheilt, aber viele Kinderpsychologen reich gemacht, viele Ehen zerrüttet und einige Selbstmorde verursacht«. Heute wird das psychoanalytische Autismus-Modell eher abgelehnt. Überhaupt scheint das gesamte zugrundeliegende Denkschema, das den Menschen als hilfloses Blatt im Sturm frühkindlicher Einflüsse karikiert, allmählich hinter den Erkenntnissen der empirischen Forschung zurückzubleiben.

Einen anderen Erklärungs- und Behandlungsansatz entwickelte der amerikanische Psychologe Carl H. Delacato Anfang der siebziger Jahre. Delacato näherte sich dem

Phänomen mit großer Zurückhaltung und bezeichnete das autistische Syndrom als »die schwierigste und am meisten irreführende, die bizarrste und am wenigsten beeinflußbare Verhaltensstörung«. Bei der Beobachtung von autistischen Kindern entdeckte er Parallelen zum Verhalten von blinden oder tauben Kindern. Auch diese vollführen stereotype Handlungen, und zwar *in bezug auf den gestörten Sinn* (Taube zum Beispiel machen Krach und klappern mit Gegenständen, Blinde wedeln mit verschiedenen Dingen vor ihren Augen). Warum, fragte sich Delacato, tun diese Kinder das? Sind es vielleicht Versuche, sich selbst zu helfen? »Wenn dem so wäre«, resümierte der Psychologe, »sagt uns das autistische Kind, daß es eine Wahrnehmungsstörung hat.«
Delacato stellte die These auf, daß autistische Kinder hirnverletzt seien. Es fehle ihnen die Verbindung von einem der fünf Sinne zum Gehirn, weshalb sie diesen Sinn ständig zu aktivieren suchten. Das würde auch erklären, warum sich manche Autisten extreme Verletzungen zufügen, ohne scheinbar etwas davon zu verspüren. »Ihr sonderbares Verhalten«, schreibt Delacato, »wäre der Versuch, durch häufige, wiederholte Reizung die Sinnesbahn zu normalisieren.« Und: »In den ritualartigen Bewegungen steckt ein dramatischer Ruf um Hilfe.«
Nach seinen Beobachtungen kam Delacato zu dem Schluß, daß Autismus »Sensorismus« sei. Als Therapie versuchte er, die gestörte Sinnesbahn zu normalisieren: Die sinnliche Über- oder Unterreaktion des Autisten sollte auf ein normales Niveau gebracht werden. Obwohl dieser theoretische Ansatz einige erfolgreiche Therapie-Ergebnisse nach sich zog, blieb das Rätsel Autismus bestehen. Nur auf einen kleinen Teil der Kinder traf Delacatos Beschreibung zu.

Ein anderes Erklärungsmodell stammt von Elisabeth und Niko Tinbergen. Als vergleichende Verhaltensforscher gehen sie von dem Grundsatz aus, es bestünde »keinerlei Aussicht, den Autismus oder andere Formen menschlichen Verhaltens wissenschaftlich zu verstehen, wenn das funktionelle Angepaßtsein nicht als das Zentralprinzip aller Lebewesen erkannt wird«. Aus ihren Beobachtungen an autistischen Kindern schließen Tinbergen/Tinbergen, daß diese sich »fast ununterbrochen in einem Emotions- oder Motivationskonflikt befinden, in dem der Wunsch auszuweichen – das heißt also *Angst* – die dominierende Rolle spielt.« Als Autismus-Ursache vermuten sie keine genetischen oder organischen Schäden, sondern eine Störung des emotionellen Gleichgewichts durch Angst. Diese Störung wiederum sei milieubedingter und psychogener Natur. Sie vertreten die Ansicht, »daß eine tief wurzelnde Funktionsstörung, die unserer Meinung emotioneller Natur ist, den Einsatz eines an sich gesunden Verhaltensapparates blockiert«. Und weiter heißt es: »Das ganze autistische Verhalten paßt gut zur Vorstellung des hauptsächlich angstbeherrschten Motivationskonflikts. Dieser zwingt die Kinder zu Bewegungen, wie wir sie von Tieren in vergleichbaren Lagen kennen. Die ›Sinnlosigkeit‹ so vielen autistischen Verhaltens kommt also von verschiedenen Formalisierungen, von einem allgemeinen Entwicklungsrückstand und auch von der Pfiffigkeit, mit der solche Kinder es verstehen, menschlichen Begegnungen auszuweichen ... Ihr Verhalten ist nicht sinnlos – das kommt uns nur so vor, weil wir es nicht verstehen.«
Elisabeth und Niko Tinbergen verweisen auf eine Reihe von Bedingungen, die möglicherweise frühkindlichen Autismus auslösen könnten: von Komplikationen bei

der Geburt über Trennung von der Mutter, Milieuschäden, Krankenhausaufenthalt, dem ständigen Fehlen eines geregelten Tagesablaufs bis hin zu Primärschäden, die Autismus als Folge bewirken könnten (Taubheit, Epilepsie). Das gelegentliche »Zurückbleiben« von Kindern nach einschneidenden persönlichen Erlebnissen sei ein im Ansatz vergleichbarer Prozeß. Bei autistischen Kindern entstünde jedoch in der Folge eine »Abwärtsspirale«, die dadurch gekennzeichnet sei, daß sich Eltern und Kind nicht mehr verstünden, wodurch das Kind aufgrund eines wechselseitigen und sich immer mehr verstärkenden Mißverständnisses in die Fänge des Autismus getrieben werde. (Die verzweifelten Eltern verstärken ihre Kontaktangebote, die das Kind immer heftiger ablehnt.) Als Therapie schlagen die Tinbergens denn auch eine Art »Aufwärtsspirale« vor, die durch die Schaffung von Sicherheit und Vertrauen die soziale Bindungsfähigkeit der Kinder wiederherstellen soll.
Zu den von Nobelpreisträger Niko Tinbergen unterstützten Behandlungsmethoden gehört die umstrittene »Festhalte-Therapie«. Als ihre Entdeckerin gilt die New Yorker Kinderpsychiaterin Martha Welch. Wie der Name verrät, besteht die Therapie im eigentlich simplen, für einen Autisten indessen einem Erdbeben gleichkommenden gewaltsamen Festgehaltenwerden, und zwar zumeist durch die Mutter. Auf diese Weise soll die Mauer, die das Kind zwischen sich und seiner Umwelt aufgebaut hat, durchbrochen werden. Dem Kind soll demonstriert werden, daß Körperkontakt möglich ist und Geborgenheit schafft. Die Gegner dieser Therapie bezeichnen den Festhaltevorgang hingegen als inhuman und einen Akt der Vergewaltigung. (Eine genaue Beschreibung dieser Therapie gibt Jirina Prekop / siehe Literaturangaben.)

Ein Aspekt, der bereits bei Delacato auftaucht, sei hier noch angeführt. Elisabeth und Niko Tinbergen halten Autismus für eine »Zivilisationskrankheit«. »Immer mehr Kinder«, schreiben sie, »wachsen unter Bedingungen auf, die ihre Anpassungsfähigkeit überfordern.« Bei »Wilden« – das stellt auch Delacato fest – treffe man dagegen nie auf autistische Kinder. (Es gibt aber auch Vertreter der gegenteiligen Ansicht, wonach Autismus seit jeher existiert, nur eben bis in die zweite Hälfte unseres Jahrhunderts nicht erkannt und falsch diagnostiziert wurde.) Tinbergen/Tinbergen vermuten, daß gerade sensible, feinsinnige und intelligente Kinder betroffen sein könnten, die sich von ihrer Umwelt mißverstanden fühlen und den Rückzug in die innere Isolation antreten. Das könnte bedeuten, es handele sich bei einer Vielzahl autistischer Kinder um eine durch überforderte Anpassungsleistung frühzeitig ausgesonderte und in dubiose Verhaltensweisen getriebene Schar begabter Unglücklicher – ein Gedanke übrigens, der mir nach der Lektüre von Birgers Texten gar nicht so abwegig erscheint.

Die drei Theorien, die ich als Beispiele präsentiert habe, stehen nicht allein auf weiter Flur. Sie sind aber insofern repräsentativ, als sie die beiden »Schulen« einschließen, die Autismus entweder aus hirnorganischen beziehungsweise genetischen Schäden oder aus psychischen Defekten erklären. Mittlerweile hat es allerdings den Anschein, als seien die Vertreter der ersten Richtung auf dem Vormarsch.

Dieser anhaltende Streit der Fakultäten zeigt, daß Autismus ein Phänomen darstellt, das sich schwer definieren und eingrenzen läßt. Es gibt weder eine genaue Trennlinie zwischen Autismus und geistigen Behinderungen noch eine klare Trennung zwischen Ursachen und Auswirkungen. Das hat oft zur Folge, daß Autismus nicht als solcher erkannt wird, sondern die Anfangsdiagnose Schizophrenie, geistige Retardierung (Rückbildung), Verdacht auf Gehirnschaden, spastische Lähmung oder gar Taubheit lautet. Auch in der Frage der Heilbarkeit gehen die Meinungen auseinander. Kanners Behauptung, Autismus könne durch »keine Art von Therapie beeinflußt« werden, ist zwar inzwischen nicht mehr aktuell – dafür gibt es zu viele Gegenbeispiele –, doch allgemein überwiegt ein pessimistischer Befund.

Als gesichert gilt indes, daß etwa fünf von 10.000 Kindern – dabei viermal mehr Jungen als Mädchen – das autistische Syndrom aufweisen. In Deutschland sind zwischen 7.000 und 10.000 Kinder und Jugendliche betroffen, wobei die Dunkelziffer vermutlich höher liegt; zum einen wegen der unklaren Diagnosesituation, zum anderen, weil ältere Autisten oft unerkannt in psychiatrischen Einrichtungen untergebracht sind. In der Altersgruppe zwischen 8 und 12 Jahren wird die Diagnose häufiger gestellt als bei Drei- bis Siebenjährigen, was auf die Schwierigkeiten bei der Früherkennung und die Parallelität zu anderen Behinderungen verweist. In der DDR galt Autismus gar als »Erfindung der bürgerlichen Psychiatrie«, und jeder Psychologe, der sich mit dieser Behinderung beschäftigte, mußte mit Repressalien rechnen. Dieses fehldiagnostische Erbe erhöht die nun gesamtdeutsche Dunkelziffer erheblich.

Als sicher gilt ferner, daß Autismus in den ersten 36 Lebensmonaten zum Ausbruch kommt, wobei die kritischste Zeit zwischen dem 24. und 36. Monat liegt. Vielen autistischen Kindern ist in der ersten Phase ihres Lebens nichts Außergewöhnliches anzumerken; daß sie sich, wie Birger, zuerst normal entwickeln und auch sprechen lernen, wird oft bestätigt. Aber an einem ungewissen Punkt bricht plötzlich alles zusammen, und das Kind verschwindet wie ein kollabierender Neutronenstern in einem schwarzen Loch.

Spätestens seit den achtziger Jahren bekommt die psychologische Autismus-Forschung ständige Unterstützung von Biochemikern, Genetikern und Hirnforschern. Es existiert kaum ein Bereich des Gehirns, der nicht inzwischen schon als Krankheitsherd verdächtigt wurde. Bislang allerdings war die Suche ergebnislos. Lassen wir einige der dabei entstandenen Hypothesen in aller Kürze Revue passieren.

Die einfachste Erklärung der Hirnforscher lautet, daß eine noch nicht lokalisierte Schädigung des Hirns vorliegt, welche wiederum zurückzuführen sei auf Komplikationen während der Schwangerschaft, bei der Geburt oder auf eine frühkindliche Infektion (ich erinnere an die Nach-Diagnose, Birgers Autismus sei eventuell auf eine Hirnentzündung zurückzuführen). Des weiteren haben Untersuchungen ergeben, daß rund 40 Prozent aller autistischen Kinder ungewöhnlich hohe Blutwerte des Hirnbotenstoffes Serotonin aufweisen, der an der Regelung von Stimmung und Schmerzempfindlichkeit beteiligt ist. Berichtet wurden zugleich erste Therapie-Erfolge mit Drogen, die man zur Normalisierung der Serotonin-Konzentration einsetzte. Andere Untersuchungen wiederum ergaben Hinweise darauf, daß bei Autisten die rechte (optische) Großhirnhemisphäre eine Vorherrschaft über die linke, auf Sprache spezialisierte Seite ausüben soll. Die vorgeburtliche Ausschüttung des männlichen Geschlechtshormons Testosteron blockiere die Reifung der linken Gehirnhälfte und forciere zugleich – sozusagen kompensatorisch – das Wachstum der rech-

ten. Dies könne zum einen die besonderen eidetischen Gedächtnisleistungen mancher Autisten erklären, zum andern, warum es mehr männliche als weibliche Autisten gibt.
Die amerikanischen Psychologen Tony L. Sahley und Jaak Panksepp hingegen stellten die Hypothese auf, Autismus sei eine Art selbstverursachtes Delirium. Der Grund dafür sei die extreme Ausschüttung körpereigener Opiate, mit denen sich der Autist selbst berausche. So hat man bei Untersuchungen der Rückenmarksflüssigkeit von Autisten tatsächlich erhöhte Konzentrationen eines körpereigenen Enkephalins festgestellt. (Offen bliebe freilich die Frage, warum der Körper zu solchen Mitteln greift und welche Rolle die Psyche dabei spielt.) Bei Versuchen mit Affenjungen zeigte sich, daß die Tiere nach der Trennung von ihrer Mutter erbärmlich klagten, sich aber nach der Gabe von Opiaten in quasi-autistische Selbstversenkung zurückzogen.
In etwa jedem zehnten Fall von Autismus, so sagen Genetiker, seien Strukturveränderungen bei den X-Chromosomen zu vermuten. Das könne erklären, warum Jungen viermal häufiger als Mädchen das autistische Syndrom aufweisen. Es wird jedoch zugleich festgestellt, daß genetische Ursachen – wie allgemein bei Erbkrankheiten – nur als Veranlagungen schlummern und damit lediglich Risikofaktoren darstellen, während für den Krankheitsausbruch ein hirnorganischer Defekt ausschlaggebend sein müsse. Amerikanische Forscher suchen seit längerem an der DNA von Autismus-Patienten nach einem generellen genetischen Schaden. Fänden sie ihn, könnte man die Behinderung schon vor der Geburt im Mutterleib feststellen. Schließlich gibt es noch die Hypothese, daß Kinder autistisch werden, wenn ihre vorgeburtliche

Entwicklung zu schnell abläuft, so daß für diese Kinder die Geburt »zu spät« stattfindet: Der schützende Mutterleib antizipiert nach dieser Version sozusagen den autistischen Kerker.

Diese Häufung von zum Teil sehr widersprüchlichen Theorien legt den Gedanken nahe, daß es »den« Autismus gar nicht gibt. Das könnte zugleich bedeuten, daß sie alle partiell zutreffen. Möglicherweise ist Autismus nur der Sammelbegriff für ein auf verschiedenen Wegen entstehendes Syndrom, das wiederum in jedem Autisten eine ganz individuelle Ausprägung erfährt. Was für den einen Autisten gilt, kann für den anderen schon wieder völlig irrelevant sein. Zumindest graduelle Abstufungen hinsichtlich der Schwere des Autismus sind hinlänglich bekannt. Es gibt Autisten, die ein zwar beengtes, aber ziemlich normales Leben führen; es gibt scheinbar hoffnungslose Fälle ohne jede Kommunikationsfähigkeit; es gibt aber auch, wie etwa Birger, Fälle, die trotz starker autistischer Behinderung über außergewöhnliche kommunikative Fähigkeiten verfügen und Anlaß zur Hoffnung bieten.

Sollte sich in den nächsten Jahren irgendeine der genannten Hypothesen bestätigen und Aufschluß über die Entstehungsursachen des geheimnisvollen Syndroms geben, wäre dies zwar erfreulich, doch ein neuer Therapieansatz wäre damit nicht gefunden. Insoweit nützen die wissenschaftlichen Erkenntnisse den einmal vom Autismus Betroffenen wenig. Und damit sind wir wieder beim Schicksal von Birger angelangt.

Birger. Fortsetzung

Am 14. Mai 1983, Birger war zehn Jahre alt, kam sein Bruder Jonas zur Welt. Eine gewisse Skepsis erfüllte die Eltern, wie Birger auf das familiäre Ereignis reagieren würde. Doch Birger nahm sofort Kontakt zu Jonas auf und ließ keinen Zweifel daran aufkommen, daß er das neue Familienmitglied voll akzeptierte. »Wir haben nie eine Sekunde Angst um Jonas haben müssen und konnten ihn jederzeit mit Birger allein lassen«, sagt seine Mutter.

In der Pubertät komplizierte sich der Umgang mit Birger. Benahm er sich in den Jahren zuvor wie ein zwar stummes, ansonsten aber relativ umgängliches Kind, so wurde es nun zunehmend schwieriger, mit ihm in die Öffentlichkeit zu treten. Birger lebte in ständig wachsender Hektik. Sein gesamtes Verhalten wurde zwanghaft. Er bekam Schreianfälle und biß und schlug sich bis aufs Blut. Sein Atem steigerte sich in jene eingangs beschriebene Heftigkeit und ging oft in wildes Keuchen über (was vermutlich auch zu den Formen stereotyper Selbsteinlullung gehörte). Er rannte hektisch im Haus umher, näßte nachts ein, verspeiste exzessiv an Lebensmitteln, was er in die Hände bekommen konnte, und trieb seine Eltern nun ihrerseits zu unbeherrschten Reaktionen. Gleichzeitig blieb er stumm, desinteressiert und scheinbar ohne Wahrnehmung.

Überkamen Birger seine Schreianfälle beim Spazierengehen oder Einkaufen, provozierte er regelmäßig Menschenaufläufe. Einmal stand Birger mit seiner Mutter am Wittenbergplatz, mitten in der Berliner City, und schrie eine Stunde lang ohne Unterbrechung. »Das«, kommentiert Annemarie Sellin, »ist die Hölle.«

Durch seine unkontrollierten Tobsuchtsanfälle trieb Birger seine Familie in die Isolation. »Wir konnten niemanden mehr einladen, keine Bekanntschaften pflegen, nicht verreisen – es ging nur noch darum, den jeweiligen Tag zu überstehen«, sagt seine Mutter. Auch die Stereotypien als Selbstberuhigungsmittel schienen nicht mehr zu funktionieren. »In Birger«, blickt sein Vater zurück, »muß zu dieser Zeit eine unglaubliche Verzweiflung gewesen sein.«
Mit sechzehn riß Birger seinen Eltern das erstemal aus. Während eines Einkaufsbummels im »Kaufhaus des Westens« (KaDeWe) war er plötzlich verschwunden. (Bei der Suche nach ihm den Hausfunk einzuschalten, wurde abgelehnt; das, hieß es, passe nicht »zum Stil des Hauses«.) Nach mehrstündiger Suche fanden die Eltern ihren Sohn: Er war in ein Krankenhaus eingeliefert worden und lag dort angeschnallt auf einer Liege. Ein andermal setzte sich Birger in einem unbeobachteten Moment vom Hort aus ab, stieg in die nächstbeste U-Bahn und fuhr Richtung Süden. Irgendwo griff ihn die Polizei auf und brachte ihn ins Krankenhaus Neukölln. Als seine Eltern, die inzwischen eine Vermißtenanzeige aufgegeben hatten, den Jungen dort abholen kamen, saß ein Polizist zur Bewachung neben ihm.
Birger entwickelte sich immer stärker zum akuten Problemfall. Mit wachsender Sorge beobachteten seine Eltern, wie ihr Sohn mehr und mehr außer Kontrolle geriet. Über sein weiteres Leben wagten sie kaum nachzudenken: Die Zukunft sah hoffnungslos und düster aus. Das Schicksal Birgers schien besiegelt.
Nahezu achtzehn Jahre galt Birger als unheilbar geisteskrank. Anfang 1990 erfuhren seine Eltern durch Vorträge der amerikanischen Sprachtherapeutin Annegret

Schubert von der Möglichkeit der sogenannten »gestützten Kommunikation« (»facilitated communication«). Dieses Verfahren geht davon aus, daß Autisten und andere als geistig behindert abqualifizierte Personen oftmals über intellektuelle Fähigkeiten verfügen, sich aufgrund motorischer oder psychischer Blockierungen aber nicht verbal äußern können. Um solche Blockierungen zu überwinden, bedarf es nur einer winzigen Unterstützung: Eine Vertrauensperson setzt sich mit dem Betreffenden an eine Schreibmaschine oder einen Personalcomputer – im Grunde genügt auch eine Buchstabiertafel – und stützt seine Hand oder seinen Unterarm. Aus dieser »Fremdhilfe« schöpft der Autist Selbstvertrauen und Kraft, um mit dem Zeigefinger die Tasten zu drükken und sich schriftlich zu artikulieren – das System der Schreibsprache haben viele Autisten ja »nebenbei« erlernt. Für sprechende Autisten entfällt bei dieser Methode zugleich das ewige Wiederholen derselben Wörter.

Die Erfinderin von »facilitated communication« ist die australische Pädagogin Rosemary Crossley, Gründerin des seit 1986 bestehenden DEAL Communication Centre in Melbourne. Frau Crossley hatte ihre Methode Anfang der achtziger Jahre zunächst für spastisch gelähmte Patienten entwickelt und die Anwendung später auch auf andere Behindertengruppen ausgedehnt. In Gestalt von »facilitated communication« fand sie einen Schlüssel zum bislang abgeschotteten Inneren dieser Menschen.

Die Methode erfordert anfänglich die beschriebene körperliche Unterstützung bei der Führung der Schreibhand und der Isolierung des Zeigefingers. Diese Unterstützung ist auch deswegen erforderlich, weil bei vielen Autisten ein schwacher Muskeltonus zum Syndrom ge-

hört. Darüber hinaus muß der schreibenden Person durch ermutigende Worte und Gesten ein Gefühl der Sicherheit vermittelt werden. Mit der Zeit kann die mechanische Unterstützung entweder vollständig wegfallen oder nur noch im Auflegen der Hand auf die Schulter bestehen.
Gerade die offenkundige Simplizität der Methode hat dafür gesorgt, daß ihr die Fachwelt anfangs skeptisch bis ablehnend gegenüberstand. Inzwischen wird »facilitated communication« weltweit angewandt, und die Erfolgsquote ist enorm hoch. Viele Eltern erhielten auf diese Weise erstmals Nachrichten aus dem eingemauerten Inneren ihrer autistischen Kinder: Notschreie der Einsamkeit zumeist und darüber hinaus Beweise, daß Autisten über ein geistiges Eigenleben verfügen, das im völligen Widerspruch zu ihrem Verhalten steht und die Grenzen unserer Vorstellungskraft sprengt.

Die Gruft öffnet sich

Das Verfahren funktionierte auch bei Birger. Die Gruft, in die er mit zwei Jahren versunken war, öffnete sich auf dem PC-Bildschirm, und zwar in einer Vielschichtigkeit und bizarren sprachlichen Schönheit, daß es seinen Eltern den Atem verschlug. »Es war«, sagt Annemarie Sellin, »als hätte man eine Quelle angestochen.«
Der Anfang freilich war mühevoll. Birger tippte nur vereinzelte Wortfetzen. Den Anleitungen zur »gestützten Kommunikation« folgend, ließen ihn seine Eltern zunächst Fotos und Bilder identifizieren: beginnend mit den Familienmitgliedern, über verschiedene Tierarten

und Gegenstände aus dem Haushalt bis hin zu Sachfragen aus dem Alltagsleben. Inhaltlich beantwortete Birger alles fehlerfrei. Am 8. September 1990, dem dreizehnten Tag seiner »Schreibzeit«, schrieb er für seine Mutter: *ich hab dich lieb.* Man kann sich ausmalen, was in Annemarie Sellin vorging, als sie nach den Jahren des Schweigens diese Worte las.

Fast jeden Abend sitzt Birger seither, meist unterstützt von seiner Mutter, am Computer im elterlichen Arbeitszimmer und schreibt. Unter unsäglichen Anstrengungen fügt er Buchstaben an Buchstaben. Jedes Wort ist eine Geburt. Anfangs entstanden fünf bis zehn Zeilen pro Abend, länger reichte die Konzentration nicht. Heute füllt er an guten Tagen ganze Seiten. Zuweilen bekommt er während des Schreibens seine Anfälle, schlägt sich, beißt sich und schreibt dabei weiter: *ich bin oft erschreckt worden denn die leute haben nicht gewußt daß ich alles verstehe so haben sie einfach alles gesagt was ich nicht hören sollte ... eine überempfindlichkeit ist einfach auf allen gebieten da ich kann ein wenig zu viel hören und zu viel sehen aber die sinnesorgane sind o. k. einfach innen geht ein durcheinander leider los wörter sätze ideen werden so auseinandergerissen und zerrissen die einfachsten dinge werden aus dem zusammenhang der wichtigen wirklichen einzelnen anderen außenwelt gerissen ein gedanke ist so schwer wie ein richtiger innerweltskasten.*

Birgers Outing erschütterte die Familie wie ein Naturereignis. »Wir hatten die Hoffnung schon aufgegeben«, beschreibt Annemarie Sellin den Grad der Resignation. »Es ist entmutigend«, setzt ihr Mann hinzu, »wenn man über Jahre vergeblich versucht hat, Kontakt zu seinem Kind aufzunehmen.« Auf einmal war der Kontakt da und offenbarte den Eltern, daß sie von ihrem Sohn überhaupt nichts wußten.

Wie sich herausstellte, hatte Birger nicht nur alles genauestens registriert, was in den Jahren um ihn herum geschah – er konnte auch seit dem fünften Lebensjahr lesen und schreiben. Die Bücher, die er zu Dutzenden »durchblätterte«, hatte er in Wirklichkeit gelesen. Birgers fotografisches Gedächtnis, das in Sekundenbruchteilen eine fehlende Murmel registrierte, benötigte zur Aufnahme eines Buches nur ein paar Minuten – der Kopf besaß ja endlos viel Zeit, um sich mit dem Gelesenen zu beschäftigen. Was er alles in seinem Kopf gespeichert hat, weiß nur Birger selbst. Biologische Fachbegriffe, die Lebensdaten Galileis, Hauptstädte aus allen Erdteilen, Theorieansätze der Autismus-Forschung und sogar englische Sätze zauberte er jedenfalls schon hervor. *ich habe viele außerordentlich eindrucksvolle bücher gelesen seit meinem fünften lobenswerten lebensjahr und alle diese wichtigen inhalte bewahre ich wie kostbare schätze in mir.*

Beinahe achtzehn Jahre lang mußte Birger mit wachem Bewußtsein erleben, daß man ihn wie ein debiles Kleinkind behandelte und daß er sich, ob er wollte oder nicht, wie ein Verrückter benahm. Jahrelang mußte er schweigend beobachten, wie man ihn ignorierte und mißverstand, wie man in seiner Gegenwart Dinge besprach, die ihn empfindlich kränken mußten, wie man ihn im Hortunterricht mit Gegenständen behelligte, die weit unter seinem Niveau lagen. Jahrelang fraß er diese Dauerdemütigung in sich hinein, ohne eine andere Möglichkeit, den entstehenden Druck abzubauen, als zu schreien und sich zu schlagen. Gleichzeitig waren ihm die Anfälle seines Außen-Ichs fremd und unheimlich. Zurück blieb ein empfindlich gestörtes Selbstwertgefühl und »die Angst, sich preiszugeben«, wie sein Vater es nennt. »Vermutlich«, so Dankward Sellin, »spricht er deswegen auch nicht, obwohl er es könnte.« Darauf angesprochen – am PC reagiert er unmittelbar auf Fragen –, schrieb Birger, er werde auch in Zukunft nicht reden, *weil reden zu wertvoll ist daß ich es nicht wert bin reden zu können ich kann es nicht lernen weil ich einfach unsinn reden würde.* An einer anderen Stelle heißt es: *ein einsamer ersetzt wichtige erfahrungen der armseligen menschheit durch ewiges reden meistens im einsamen innern.*

Die Einsamkeit, die sein gesamtes Leben überschattet, steht im Mittelpunkt von Birgers Texten. Er bezeichnet seinen Zustand als *isolationshaft* und *lebendig begraben sein,* er klagt *ich ertrinke in einsamkeit* und schreibt: *ein alte einfache sichtweise ein auspersonengehen eine kiste aus der ich auferstehe das wäre ein traum aber ich sehe keinen ausweg aus dieser personenkiste auch dies wichtige schreiben reicht nicht aus ein ausweg zerstört meine alte sicherheit ich habe angst davor.* Aber: *was einmal aus mauern wachsen wird wird das auge erfreuen in allem liegt ein keim hoffnung.*

Sich selbst, das *ohnesichwesen aus dem reich der dunklen gestalten,* betrachtet Birger mit einer eigenartigen Mischung aus Verzweiflung und Ironie. Er nennt sich den *idiotischen total bekloppten birger,* der als *undressierter affenmensch,* als *stereotyper esel* und *neandertaler in person* ein *rillendasein ohne zielwissen* führt. Sein Leben findet in *wirklichkeiten zweiter ordnung* statt, aus denen er *mitteilungen an das volk der oberwelt* schickt. *unantastbar und traurig ist unsere welt,* schreibt Birger, aber *anmerken will ich daß ich meine wirklichkeit auch liebe sie bietet mir schutz und zuflucht sie gibt mir würde.*

Zugleich sucht Birger verzweifelt und in ständig zwischen Hoffnung und Depression wechselnden Stimmungslagen nach seinem Platz in diesem Leben. *ich will kein inmich mehr sein,* heißt das Ziel, das er sich *uferahnend* gestellt hat. Seinen Autismus will er mit allen Mitteln abstreifen (*ich richte ihn hin)*, um einen Weg in die *wichtige wirre* Welt zu finden, die Welt der *einerleimenschen,* zu denen er so gern gehören möchte. Doch *personen wie birger jagen angst ein und müssen isoliert werden eine wirklich lasterhafte natur in mir arbeitet unentwegt die unsinnigkeiten aus die ich tue es ist wie ein dämon der mich zwingt ein solches ungeheuer er zwingt mich ständig zu wiederholen zu zischen kinderkram zu machen und das leben eines irren zu führen es ist wie ein ewiger kampf.* Ungefähr ein Jahr später hört sich das so an: *aus den tiefen einer komischen inneren eiternden zuständigen kommandozentrale erhalte ich essigsaure irrsinnsbefehle.*

Den immer wiederauftauchenden Zwiespalt zwischen Dazugehören-Wollen und gleichzeitiger Angst davor bezieht Birger nicht nur auf sich selbst, sondern auch auf die anderen Autisten. Einerseits möchte er *tatsächlich daß ihr wißt wie es da innen in autistischen kindern aussieht,* und fragt seine Mutter: *kannst du dir vorstellen wie es ist in einem sozialen system zu leben das dich auf immer für verrückt erklärt es ist die inkarnation solcher auswüchse elementarer bösigkeit daß es keine beschreibung gibt.* Birger will daran mitarbeiten, daß man *die inneren stadien der autismusentwicklung erkennt um immer mehr menschen rauszuholen aus ihrem kastendasein.* Er erklärt: *ich diene als autist anderen autisten als ihr ordentlicher sprecher* und spricht die düstere Prophezeiung aus: *wir werden aus sümpfen des schweigens schreiend wieder zurückkehren.*

Andererseits beschleicht ihn gelegentlich die Sorge, ob er mit diesen Enthüllungen nicht ein Tabu übertritt und über Dinge redet, die niemanden etwas angehen. *mit mir ist ein richtiger verräter auferstanden,* heißt es da plötzlich, *ich werde reden und in ewiger sicherheitshaft euch überleben.* Oder: *wie oft habe ich wieder zurückkehren wollen in die*

stummheit und ruhe unserer würdevollen nicht verlogenen autistenwelt.
Der Gedanke des Sich-ertappt-Fühlens sitzt tief und ist nur mühsam zu überwinden. Das Schreiben hat Birger nicht nur die Artikulierung seines Leidens ermöglicht, sondern gleichzeitig in die mühevoll konstruierten Sicherheitssysteme eingegriffen. *am liebsten würde ich wie sogenannte wichtige personen weinen einen unsäglichen inneren riesigen einsamen keil einer ganzen existenz herausweinen gibt erst persönlichen trost es geht aber nicht es ist wie ein steinernes wesen das mich gefangenhält und es wertet traurigkeit als sicherheitsrisiko.* Denn richtig geheuer ist ihm diese Welt, *unsere einfach wunderbare insel der ausbeutenden fiesen oberasse,* nicht: *ich passe nicht in diese wahnsinnige feige entsetzliche gesellschaft sie ist so verquer diese auswahl eiserner asse.* Auf den Ausbruch des Golfkriegs beispielsweise reagierte Birger mit Entsetzen, und er nahm in Begleitung seines Einzelfallhelfers an einer Anti-Kriegs-Demo teil. Seinen übersensiblen Sinnen entgehen auch Kleinigkeiten nicht, böse oder befremdete Blicke von Passanten etwa, die ihn treffen: *ein einsamer und stummer ist auf ermutigung angewiesen ein liebevoller blick wirkt riesig ohne worte einmal erlebte ich in dieser ubahn wie mich eine frau liebevoll ansah ich denke sehr oft glaubensfroh daran und werde es nicht vergessen aber viele blicke sind so schwer zu ertragen und bringen ohnegleichen leid mit sich.*
Gegen die Gefühle von Unterlegenheit und Isolierung hilft ihm die Ironie. *es tut einem ausgestoßenen leid so albern zu sittenstrengen sehr vorbildlichen alleswissern zu sein,* entschuldigte sich Birger einen Tag nach unserem ersten Kennenlernen für seinen Schreianfall in meiner Gegenwart. Über den Kontaktversuch einer mit den Eltern bekannten Psychologin, die von seinen Texten fasziniert

war, spöttelte er: *jetzt sieht es so aus als ob ich riesig wichtig werde wie wird die wichtigkeit meiner sogenannten inneren wahren seele bekommen einfach wie menschen sich bemühen um einen wie mich es ist der tatenhungrige anfall einer eisernen person wie* (es folgt der Name) *sie war in der einrichtung und wollte mit einer außergewöhnlichen person wie mir reden.* Auch die Betreuer im Hort für jugendliche Autisten (die Birger in Wirklichkeit sehr mag), bekommen ihr Fett weg. Er nennt den Hort ein *wirklich ausgeflipptes sogenanntes irrenhaus einsame klasse sicher taugen die wichtigen bodenlos eitlen siquenten ohnehin nichts aber die ohnegleichen eitlen biester von wirren pädagogen erst recht nicht ... einem neidischen birger geht das irrsinnige gerede der wichtigen wirklichen erzieher ein wenig auf den geist ich ergreife die sogenannte erste gelegenheit um sie zu unterbrechen und schreie wie am spieß.* Trotz aller Selbstzweifel und Bedenken wegen des eingetretenen Sicherheitsverlustes scheint sich Birger der Konsequenzen seiner Selbsttherapie vollauf bewußt zu sein. Er führt den Kampf gegen seinen Autismus mit kolossalem inneren Kraftaufwand. Jeder, der die Entwicklung seiner Gedanken verfolgt, aus denen ich hier willkürlich und ohne Rücksicht auf Chronologie zitiert habe, wird das nachvollziehen. Birger müht sich, einerseits die Ursachen und Besonderheiten seiner Behinderung zu enträtseln und zum anderen die für ihn nicht minder großen Rätsel im Funktionieren seiner Umgebung zu lösen. So fragt er sich beispielsweise: *wie soll aber einer wirksam wissen was ein richtiger grund ist wie soll einer wissen wie dinge funktionieren wenn er aus der gesellschaft ausgestoßen ist und richtig wichtige wörter nicht weiß.* Er antwortet: *total einsam tut er sich selbst erklärungen einfach wunderbar zusammenreimen total irrsinnige rohe antworten eimerweise müll.* Vor allem im Briefwechsel mit der Berliner

Entwicklungspsychologin Gisela Ulmann (sie zirkuliert in seinen Texten beispielsweise als *sicherdenkende auserwählte gisela)* versucht Birger, Antworten auf *warumfragen* zu finden und die Mysterien des normalen Lebens zu ergründen: *ich versuche zur zeit kleine begebenheiten realistisch zu erfassen sehe aber nicht wie ich das wirklich überprüfen kann.* Seine Entwicklung ist, gemessen an der relativ kurzen »Schreibzeit«, enorm. Dennoch ist Birger nach wie vor schwer autistisch behindert. *ich bin ohne sprache ein armer irrer und auch schreiben kann ich nur mit hilfe einer anderen person das ist sehr demütigend und ich schäme mich deswegen,* konstatiert er in einem Brief.

Äußerlich bietet Birger dieselbe Erscheinung, wie ich sie eingangs beschrieben habe. Er befindet sich sozusagen geistig im Erwachsenenstadium, während er emotionell und sozial noch ein Kind ist. »Es ist schwer, damit klarzukommen«, sagt ein Betreuer aus dem Hort für jugendliche Autisten, »er kann lesen und schreiben, aber er verhält sich wie ein Verrückter.« Die Schreikrämpfe und Wutanfälle sind nicht nur geblieben, sondern sogar noch unberechenbarer geworden, teils als Reaktion auf geringschätzige Behandlung, teils als Folgen einer unerklärlichen, tiefsitzenden Angst, die vielleicht daher rührt, daß die Sicherheit der stummen Jugendzeit unwiederbringlich dahin ist und die Zukunft ungewiß und drohend erscheint. *die angst überfällt mich einfach zuerst habe ich ein eigenartiges gefühl in der magengegend dann richtet sich die angst listig auf wie eine tückische bestie gegen den ganzen körper.* Und dann muß er schreien, denn *sich anders die angst aus der seele reißen weiß ein armer sogenannter birger einfach nicht.*

Früher halfen ihm Stereotypien als Mittel zur Angstunterdrückung: *eine angst unter der ich am meisten leide ist die*

angst wie ich einen tag überleben kann ich sichere die eisigen tageszeiten ab indem ich einen sogenannten eisernen wichtigen serienabfragekatalog erstelle ein soausderangst auslaufendes idiotensystem. Zu diesen »Idiotensystemen« gehören auch die Murmeln, für Birger eine Welt voller Symbolik. Sie vermitteln *erkenntnisse aus der welt der personen ohne sozialen lebenswert es ist auch eine welt die asoziale typen einschließt es ist der undefinierbare ausschuß der menschheit.* Das Murmelrieseln verkörpert *eine stereotypie die richtig in einen rausch versetzt ich wiederhole erst sichtbar was unsichtbar einsamkeit anrichtet.* Auch hier verläßt Birger sein mitunter unheimlicher Humor nicht. *ein weltbild aus der sicht der autisten,* schreibt er, *ist wie ein schiff das untergeht und unsinn erfindet um es nicht zu bemerken ich bin erster offizier dieses schiffes und mein unsinn hat wahre sichausdenkende aussteigergröße.*
Mittlerweile hat sich Birger vermutlich so weit aus seinem autistischen Käfig hinausgewagt, daß die Stereotypien nicht mehr »greifen« und ein Rückzug unmöglich geworden ist. Der Preis für diesen Fortschritt ist eine Steigerung seiner inneren Unruhe – er nennt sie *unruhemachtuntiefe: solange ich zurückdenken kann ist diese unruhe da in einer macht wie keiner sie nachfühlen kann ich werde fast wahnsinnig davon als ich noch kleiner war konnten die stereotypien ein wenig lindern.* Heute dagegen, erklärt Birger, *funktionieren diese mechanismen leider nicht mehr gut deswegen schreie ich so viel in letzter zeit ... ich kann mit dieser angst nicht friedlich und still leben ich muß schreien die kasteiungen durch die angst nehmen überhand und ersticken mich ich ohneich bin ein sklave der wunderangstmacht.*
Trotz aller Rückfälle und zermürbenden Enttäuschungen konnten sowohl Birgers Eltern als auch seine Therapeutin Margard Breinlinger seit der »Schreibzeit« und vor allem nach den vielfältigen Reaktionen auf die

»Zeit«-Veröffentlichung deutliche Fortschritte in Birgers Verhalten ausmachen. Lediglich im Frühjahr 1991 schien er eine schwere Krise zu durchlaufen. In dieser Zeit schrieb er kaum noch, und seine Eltern befürchteten schon, er werde wieder gänzlich verstummen. Birger sei durch seine Öffnung nach außen »total durcheinander« gewesen, beschreibt seine Therapeutin diesen Zustand. Aber Birger raffte sich wieder auf und schrieb weiter. Seit einem reichlichen Jahr benutzt er für kurze Alltags-Mitteilungen einen taschenbuchgroßen tragbaren Communicator. Im Sommer 1992 besuchte er in Begleitung seines Einzelfallhelfers sogar erstmals eine Vorlesung an der Berliner Freien Universität. Birger hatte wiederholt signalisiert, daß er sich für Linguistik interessiere (als Thema wählte er die Liebesdichtung der Renaissance!). Im Herbst desselben Jahres hörte er zwei Vorlesungen Psychologie: weitere Versuche mußte er, überfordert, abbrechen. Eine solche Vorlesung durchzuhalten, nötigt ihm gigantische Kraftanstrengungen ab – doch Birger will unbedingt beweisen, daß er in der Lage ist, Dinge zu tun, die »normale« Menschen auch tun. Er hat sich zudem bereit erklärt, mit der französischen Filmemacherin Jamila Chauvet einen Film über sein Leben zu drehen.
Von dem vorliegenden Buch wünscht Birger, daß es kein *kitschbuch* wird, sondern *einfach ein wirkliches denkanstoßbuch in einer schönen form an der man sieht ich will teilhaben am wirksamen weiten leben.*

Die Texte

Da Schreiben für Birger die einzige Form der Äußerung darstellt, sind seine Texte eine Mischung aus persönlichen und familiären Mitteilungen, Zustandsbeschreibungen, tagebuchartigen Aufzeichnungen, Gedichten, Briefen und Reflexionen über verschiedene Themen. Birgers Eltern haben die Niederschriften ihres Sohnes vom ersten Tag an gespeichert, was kaum wundernimmt angesichts des dramatischen Einschnittes, den der Beginn von Birgers »Schreibzeit« für die Familie verkörperte.

Die folgenden Texte sind nur ein Auszug aus diesem Material. Alle Texte wiederzugeben, würden den Rahmen dieses Buches sprengen und wäre auch inhaltlich nicht sinnvoll. Ich habe deshalb eine Auswahl getroffen, die sich vornehmlich auf Birgers Aussagen zu seinem Autismus sowie auf Texte beschränkt, die mir durch seine besondere Weltsicht und die Unmittelbarkeit des Ausdrucks literarisch wertvoll erscheinen. Ein weiteres Kriterium bestand darin, seine Entwicklung darzustellen, die insbesondere für Psychologen, Therapeuten und Eltern autistischer Kinder interessant sein dürfte. Deshalb sind die Texte auch chronologisch und nicht thematisch geordnet. Die ersten Schreibversuche sind vollständig abgedruckt. Sie ergeben zwar keinen »höheren« Sinn, verdeutlichen aber, mit welchen Schwierigkeiten Birger anfangs zu kämpfen hatte.

Nicht zuletzt sollten die Texte in einer Form präsentiert werden, die möglichst wenig Erläuterungen durch Fußnoten erforderte. Das gestaltete sich vor allem bei Birgers Briefwechsel schwierig. Es erschien mir jedoch

nicht sinnvoll, die Briefe mit abzudrucken, auf die sich Birger in seinen Antworten bezieht – ich denke, die Antworten erhellen auch, auf welche Fragen und Aussagen sie sich beziehen. Fußnoten stehen dort, wo Personen oder Ereignisse unbedingt erklärt werden mußten. Wenn Birger direkt auf Fragen seiner Eltern antwortete, sind diese Fragen in den Text eingebunden.
Den Texten ist jeweils das Datum beigefügt, an welchem sie entstanden. Wenn sich die Abstände zwischen den Entstehungstagen über einen längeren Zeitraum erstrekken, bedeutet dies nicht, daß Birger in dieser Periode nichts von sich gegeben hat – er schreibt nahezu jeden Tag –, sondern diese Passagen wurden lediglich nicht ausgewählt. Direkte Anreden in den Texten richten sich, die Briefe ausgenommen, durchweg an seine Eltern und sind deshalb nicht näher erklärt.
Das Schreiben ist ein Vorgang, der Birger stark erregt. Ab einem gewissen Grad dieses Erregungszustandes kommt es vor, daß er seine Schreibhand nicht vollends unter Kontrolle hat. Mitunter wird Birger auch beim Schreiben von Anfällen heimgesucht. Deshalb tauchen im Original einige Tippfehler und unausgeschriebene Wörter auf. Diese Fehler habe ich auf Birgers Wunsch entfernt. Eine Ausnahme bilden nur die Texte der ersten Wochen (bis zum 10. Dezember 1990), die den schweren Start auch optisch nachvollziehbar werden lassen sollen. Zur Illustration, wie sich ein Schreianfall auf das Schriftbild auswirkt, wird ein solches Beispiel im Lauftext erscheinen. Ansonsten beherrscht Birger die deutsche Orthographie und Grammatik ausgezeichnet. Mit zunehmender »Schreibzeit« reduzierten sich auch die Tippfehler auf ein kaum erwähnenswertes Maß. Hin und wieder fehlen jedoch Füll- und Bindewörter oder stehen

Passagen nicht im erforderlichen grammatikalischen Fall, was in der Regel daran liegt, daß Birger im Erregungszustand den Satz anders weiterführte, als er ihn begonnen hatte. Solche Stellen wurden nicht korrigiert. Die durchgängige Kleinschreibung entspricht ebenso dem Original (Birger kann nur mit einem Finger schreiben) wie das Fehlen von Satzzeichen.
Die vorliegende Auswahl endet 1992. Birger schreibt weiter.

Birger Sellin

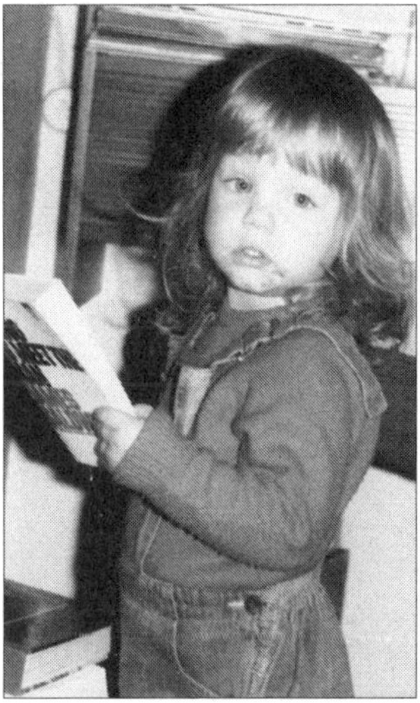

1 Jahr, 10 Monate

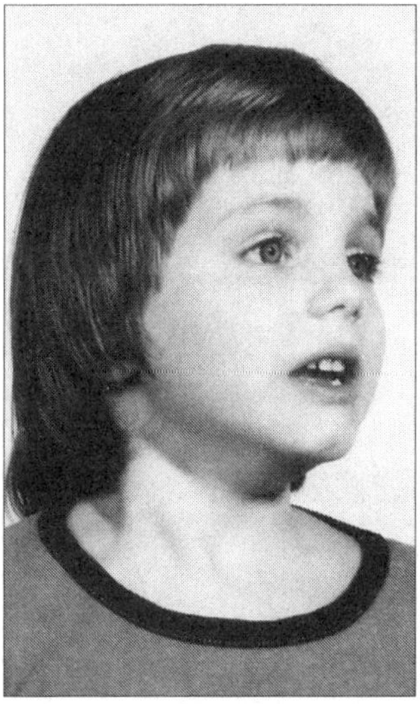

4 Jahre

6 Jahre

10 Jahre

14 Jahre

heute, mit 20 Jahren

abcdefghijklmnopqrstuvwxyz
birger papa jonasmama
27.8.1990

zhietypahwbb
oma opa ffaammilie
jonas paapa birger mama jabml
28.8.90

746103289julikasa
vvolkkhard
baum kletern ja
29.8.90

autto opa und oma jonas takket paket
taschen wettblgghnuköä
vater mutter brudder mmölln
leudu
aufhöreneulenspieggel
30.8.90

kg ja
hhja
ppapa
biberr

ererrrruh eb bettkkk
nein
31.8.90

ja
ghunsds
hund
wollllf
flamigo
kuh
wisentt
ggeier
mmama
jonas
birger
waassser meer
strand
ppapa
ffotoapparat
hand haaltenn
uuuuuuuuuuuuuuuuuuuuuuuuuuuuu
nicht mehr
schlafen gehen
3.9.90

biirger jonas ugzret schwert haut
annngst augenklapppe hziuzfz pirat
jonas franzmax mama bank sitzen wiir
storch wisent wolf uafhhören aufhören
4.9.90

xenia bernd birger
trinkt saft
wolfgang reden
fahrradfahren ich mag gern faheradfahren
ja ich will aufhören
5.9.90

badeezimmer baden jonas birger david
affe baaby höhle hund kängeru baby
elefant klettern wolff bbär
ich will aufhören
6.9.90

eente ente
paket nest eier
maske korb kaaamel kamel
igel gurke gras
ich möchte uafhörren aufhhören
7.9.90

paket telefon lampe arm feder
auto ball apfel kuh fuß bett ampel
schere lokomotive leiter löfffel
ich nicht ich will maufhören
ich hab dich liebja
8.9.90

oben lachen 1 2 323 4 5 6 7 88 9 10m 11 12 13 14 15 16 17
18 19 20 21 212 23 24
255 26 27
zu unten
9.9.90

bohhnen n6
blatt 7
5 blumen
ichh will aufhhören
12.9.90

3 blumen
muscheln5
3 nagel schraube
seestern 5
2 knöpfe
7blatt blätter
5 blummen 9 rot blau gelb5
5 sschmetterling
ich auffhörenn ich möchte umre
raunten
nach unten
mit der nase riechen
13.9.90

ggratzuvggh
uyyfü.pgxf
sajos
ja ja sojhffcdxtarssss
sojaasoßelkio
ökoöklmk
karf
....hhh
tdooggf
ja
kinderkram
tgjkgfdggfg
14.9.90

ja
zugusalofd
zum kochen spaghetti meellonneee
melone käse ich zu ibbööllflhölp
kartoffel
mmembmgjhb
ich will aufhören
15.9.90

papa iekvuxct
a bc d re f g hh ij k l m n o p q r s t u v w x y z
16.9.90

2und 3 = 5
schlafengehhen
17.9.90

adler
der adler iist ein raubvogel*
nicht mehr
18.8.90

auff dem adventskrranz brennen 4 kkerzen
nicht mehr schreiben
19.9.90

ja
zum ersten advent bekommen birger und jonas ein
pfeffferkuchenhaus
mehr schreiben
auto abend
ich aaufhören
20.9.90

* Die Sätze von »der adler iist ein raubvogel« bis »ich spiele mit mit baukastena« wurden diktiert.

ichh aufhörreh
21.9.90

der astronaut ffliegt in das weltall
apaau
aufhören
22.9.90

birger
in der bäckerei wird kuchen gebacken
ich will ruhe hbb haben
23.9.90

ich spiele mit mit
baukastena
haben ei
gasjs
haben ruhe
eine faas
pppp
ich bin traurig weil gnocht nicht sprechhen kann
24.9.90

bitte zu bettzt
25.9.90

ich zu ruhegwehwen
ruhegehen
26.9.90

ffich will pd
nicht schreiben egal uafhi
27.9.90

darf
ich alles teller leeressen,
29.9.90

ja
ich nein
i ch daarf soohd
ja
alrarat
dz
dunbist keuin abfasallrimer
abfalleiimer
30.9.90

ja
ajtll
jj

ichh will heute nicht schreiben
1.10.90

binn ein tcrcbjkl
bin ein trajokmkjk
tramgtttjkllö
trrswrtt
treckvbink
drecvinjhkkk
dreckfink
16.10.90

ich wiill zuhause
darf hagg
gern einfachh gut haben
du solö sollst firdud
vielmehr liebha ben da alle sza
sagen du bist so gutv
es issf ist der sas sadhc
seiisas sagewsa
sd anfang addf aA DER BESSERWERDEN Ats asosf
alst also gib d dr dir mühe
as aber aus biirger kann ohne liebe
t nichts weerden.alles ein ft
at aw ag af einfach sr sehr
sehr sehr lieb aw aaberb barsr af
area sagen
sagen das du mich liebhast
sf sag gebn sagen das du auch alle liebhast jonas und

dannkward aucf auch
alle ia liecbhabenb besonders anne adc
alsdu so aq aus d schealted
ausschimpfen bsys bahs soals
22.10.90

heute war sawa gar nach
ax auch nicht handeln nach meinem
geshmack denn ich bin anders als andere leute aber ich
will lieber nicht
so sein das andere sagen ich bin behindert
4.11.90

dappf darf ich leute für verrj verrückt erklären damit ich
nicht lieben muß keiner likebt verrücte
9.11.90

du sollst mir helfen zu reden
du sbh sollst mir den arm ghak halten
dider frage ist ob wir deutlich genug reden können
werden wir erst wenn wir tatsächlich
rv rowert alle tot sind gestorben reddevs unsere daaseins-
form erhalten die wir uns wünschen
darum sehne ich mich oft nach dem tod denn ich bin
allein in
meiner einsamkeit
24.11.90

du sollst nicht schimpfen heute warst du doch
sehr dulddsam passe gar nicht in die weitm welt denn ich fürchte mich vor
also einfach lauter solchen sachen die so hala harmlos sind wie häuser
ja sie kommen mir bedrohlich vor angst habe ich immer
aber heute wols war es besonders schlimm wec
we eil du mich so angeschrieen hast heute konnte ich nicht mehr die jacke
zumachen das hat mich so geärgert eaf
eigentlich ist das nicht so schlimm
dann wird es schlimm wenn ich angst bekomme ich denke das ist verrückt aber einmal fand ich die perle* nicht
zuznd 1 und doch passierte nichts schlimmes
da arum bin ich dumm wenn ich mich fürchte gänz zlich dumm ist es w wenn
erlaube das ihr atsz lachen dürft wenn
ich laut schreie doch ds das habt ihr gän getan lange bevor ich reden konnte
25.11.90

ich werde alles erzählen wenn ich bessern schreiben kann mir ist können nicht genügend ich möchte viel besser sein heute bin ich lieber mit jonas allein als mmanchmal daran bist du schuld denke mal an die jahre ohne ihn habe nichts mehr zu sagen oder kannst du dich nicht mehr daran erinnern jonas ist so ein lieber junge birger ist lieber als alle er ist
besonders kein böser junge gestern konnte ich nicht

* Birger vermißte eine seiner Murmeln.

schreiben als du so geschimpft hast ich bin dir nicht böse aber birger ist so empfindlich also das er nichts ertragen kann was ihn stört
29.11.90

ich bin kein gahrnichts garnichhts
9.12.90

sonnabend konnte dankward sehr wenig mit mir schreiben denn er war traurig weil du krank warst er arbeitet immer sehr viel aber er ist der liebste sagen wir er ist der am meisten geliebte vater
gestern war er sagen wir nicht so amüsant heute war es aber sagen wir aber doch lustig
10.12.90

salomo war ein weiser könig ich weiß alles nur sagen kann ich es nicht erst mit dem schreiben tatsächlich kann ich rasant also schnell sagen wir kann ich aber sachen sagen daß leute erschrecken aber das tue ich nicht ich bin oft erschreckt worden denn die leute haben nicht gewußt daß ich alles verstehe so haben sie einfach alles gesagt was ich nicht hören sollte gerne war ich nur an den damaligen festen auf der welt aber sonst erdachte ich alles damit ich aus der wesensart herauskommen könnte die albernste idee war die als ich dachte es ginge ausrasten von jetzt an brauche ich diese methode nicht mehr denn ich kann jetzt schreiben also basta soviel habe ich noch nie erzählt wie heute aber nun ist schade daß es schluß ist
13.12.90

astronomie erzählt von den sternen ich aber glaube nicht an die sterne denn es ist unwahrscheinlich daß gestirne für ratgeber erachten sagen wir es ist erweisbar daß die erde lediglich sagen wir ein gebilde aus dem all ist
14.12.90

g.* erklärt mir alles was ich schon lange weiß gestern erklärte sie daß kartoffel eine frucht aus der erde ist dabei weiß es jedes kamel jonas hat recht alle tiere sind klug denn sie wissen was sie zum leben brauchen jonas ist so ehrlich daß er mir immer eine freude ist auch wenn du auf ihn böse bist tatsache ist daß ich sagen wir es sehr gut haben aber wir sind so häufig unzufrieden aus nichtigen gründen sonntag soll es besonders schön werden dann ist alles wieder gut es muß auch nichts geschenkt werden lieber freundlich sein als so reichliche geschenke
15.12.90

achim** war sagen wir asozial ja dieses wort wird rausaddiert rede was du willst es hat weiter keinen sinn welchen sinn sollte es schon haben tatsächlich war achim sehr sozial asozial erklärt man sachen aus der adaption wir alle müssen auch erneut uns einem sozialen system anpassen aber fast alles was wir tatsächlich machen ist eine form

* Eine Lehrerin aus dem Hort für jugendliche Autisten.

** Ein Betreuer aus dem Hort, zu dem Birger ein besonders enges Verhältnis hat.

der adaption darwin arbeitete als erster an diesem thema das erwartungsgemäß aus der sagen wir aus seinen ahnungen ableitete soziale arten seien tatsache erbanlage aber die arten sagen was aus über den sozialen charakter der rassen samen werden gekreuzt
17.12.90

du sollst dir nicht fast keine ruhe gönnen tatsache ist du bist sehr arbeitsam es ist wirklich zum platzen so arbeitsam bist du ist doch schlimm wie du immer reinhaust so sagen wir wie ein arbeitstier etwas seßhafter sein suche den curser der arbeitet so sinnvoll daß ich mich wundere wie er funktioniert es interessiert mich wie er arbeitet
18.12.90

werden wir wegen unserer sünden verdammt werden ich glaube daß der glaube in ordnung ist wie du es sagst daß es einen gott geben muß der uns alle erachtet sehr wertvoll zu sein wer aber rettet mein wesen tritt diese erlösung erst nach dem tode ein wer werden wir sein nach der auferstehung es bringt mir solchen spaß zu schreiben ich habe so viele fragen
19.12.90

als ich reden wollte da redeten total sagen wir wesentliche erkenntnisse sehr deutlich aus mir es waren erkenntnisse über die welt und die erde es sind dies dinge

die ich erst sagen wir später sagen werde wenn ein guter tag da ist es redet sagen wir sogar ein anderer geist etwas zu mir
22.12.90

ich will es tatsächlich daß ihr wißt wie es da innen in autistischen kindern aussieht ohne das schreiben zu tangieren haben wir sagen wir solche angst die ohnegleichen ist kannst du dir vorstellen wie es ist in einem sozialen system zu leben daß dich auf immer für verrückt erklärt es ist die inkarnation solcher auswüchse elementarer bösigkeit daß es keine beschreibung gibt aus der erkenntnis solcher auswüchse sehen wir daß unser system nicht stimmen kann ich will daß jeder weiß daß autistische kinder nicht dumm sind wie es oft angenommen wird ich bin ohne schreiben kein richtiger mensch denn es ist die einzige ausdrucksweise die ich habe es ist außerdem der einzige weg zu zeigen wie ich denke dies tue ich auch aber es ist noch sehr schwer fast eine strapaze finde ich
23.12.90

ich will etwas was ich einfach aus keinem wesen in dieser welt erfahren kann ich platze vor unruhe und ungeduld ich will so gerne aus meinem isolierten leben herausfinden aus dekadenten verhaltensweisen in die ich mich einpanzere ich erfahre nur frustration tagein tagaus ohne hoffnung auf unser leben daß aus dieser auswegslosigkeit isolierung einfach aufgehoben oder ausradiert werden kann ich kann nicht aus zentnerschweren ern-

sten sagen wir isolierungstatsachen ein sogenanntes kleines problemchen machen tatsache ist daß es technisch nicht machbar ist fast erfolglos bleiben muß
25.12.90

ich staune wessen geduld aber größer ist deine oder die von einem computer die vom computer ist doch unaufrichtig ganz fast ehrlich dagegen die von dir tatsache ist ich konnte mit fast fünf jahren auch schon schreiben und sogar rechnen aber es hat niemand gemerkt weil ich so chaotisch war aber das war ich einfach aus angst vor den menschen gerade weil ich unfähig war zu reden fiel mir das lesen so leicht darum suchte ich aus den sagen wir wichtigen büchern alles was ich finden konnte die bücher standen alle in diesem sogenannten zimmer im sagen wir arbeitszimmer in kreuzberg aber später waren es auch bücher aus dem arbeitszimmer in reichlich richtigen wohnungen wo wir wohnten heute erarbeite ich mir alles von selbst
26.12.90

madrid ist die hauptstadt von portugal*
hauptstadt von tansania ist suriname

* Auf die Frage seiner Eltern, was er denn in den stummen Jahren alles gelesen habe, hatte Birger (auf der Schreibmaschine) geantwortet, daß er beispielsweise alle Hauptstädte wisse. Nach diesen beiden falschen Antworten packte ihn der Ehrgeiz. An den folgenden Tagen beantwortete er die Fragen nach den Hauptstädten fehlerfrei. Einige dieser Antworten sind im vorliegenden Text mit abgedruckt.

die tatsache daß ich keine hauptstadt mehr nenne bedeutet daß ich es erst lernen muß fragen gründlich zu antworten kein schüler dürfte so antworten ich würde gern in eine richtige schule gehen und wie andere kinder lernen erst werden wir ewige sogenannte satirische personen sein dann wird man merken daß ich auch klug bin und alles kann was gefordert wird jetzt zage ich noch immer oft ein wenig herum aber in der schule ist das ganz was anderes da werde ich so wie alle kinder mich benehmen und auch lernen ich würde dann auch lernen wie man sich personen gegenüber verhält die es tatsächlich autistischen aufregungen tatsache einsamen heranwachsenden austreiben eine hoffnung zu behaupten richtig ist daß es keine dummen autisten gibt ohne hoffnung gibt es keinen ausweg ist doch klar
28.12.90

lissabon madrid dar es salaam panamaribo
ja ich freue mich ich sehe die angelegenheit mit der schule doch sehr lachhaft an denn ich unruhiger geist zeige ja keine sichtbaren einsichten passierte auch ein wunder sagen wir dieser unruhige geist würde ruhiger artikulierte sich genauer daß alle ihn inhaltlich verstehen so wie sprechende einander ohne probleme verstehen dann wäre es doch tatsache zu schwer für mich doch ich habe die hoffnung noch nicht ganz aufgegeben
29.12.90

ich möchte nicht rechnen weil ich zu groß bin groß und klug und behindert

ich bin ein trauriger fall
in der klinik* haben sie mich festgebunden durch die nacht
habt ihr denn nicht jeden tag zu mir gekommen mit freude
jedenfalls will ich nicht behindert sein
7.1.91

tirana keine ahnung Andorra del ville
ich kann doch alle städte laß mich in ruhe sofia
ich will heute so gern erzählen wie es in dem schulhort ist zu tonukohass ich will das wort lassen es bedeutet rege dich nicht auf in der ohne zusatz sprache es ist eine sprache für alle sogenannten doofen ich habe sie erfunden zu dieser sprache gibt es auch eine persönliche grammatik riokeea ist also die zopfhaare sind lang heute war ich traurig denn es wollte mit achim noch nicht einmal klappen mit dem schreiben** ich bin wahrscheinlich zu unsicher immer wo es richtig ernst ist du rastest erst aus wenn wirksame wege aussichtslos sind du kommst erst wie eine rasende furie auf oasen zu wenn ich total erregt bin es ist doch schrecklich gestern abend habe ich erstmalig so mit dankward geschrieben wie mit dir das war ganz wunderschön
8.1.91

* Birger meint seinen Aufenthalt in der Kinder- und Jugendpsychiatrie Wiesengrund (vgl. Kapitel »Birger. Das Verstummen«).

** Die »gestützte Kommunikation« funktionierte bei Birger anfangs nur mit seinen Eltern und seinem Einzelfallhelfer Tycho Nickel. Mit dem Hortbetreuer Achim schrieb er lediglich ein paar vereinzelte Wörter.

ich persönlich würde gern in ein kurs für tüchtige kollegen lauter idioten ich kann sogar englisch doch nicht sehr viel sage ein wort und ich sage es in englisch middle book es war viel zu leicht für mich i am the greatest i am the also best of the world ja ich habe alles gelesen es geht ganz schnell sogar die wissenschaftlichen bücher lese ich in allerkürzester zeit durch aber ich erfinde so viel selber sogar geschichten und gedichte
9.1.91

town car newspaper ok police railstation lion*
neben der mauer unter kresse trauer mehr will ich nicht schreiben
10.1.91

vaduz
ich bin so traurig weil es alleine nicht so gut geht
ich kann es nicht aufschreiben denn es ist so schrecklich
ich denke daran alles zu zerstören was in der eiszeit nicht zerstört wurde
11.1.91

luxemburg valletta monaco
paßt es dir nicht daß ich sagen wir tatsache saddam hus-

* Birger übersetzt Wörter ins Englische, die seine Mutter ihm auf deutsch vorgibt.

sein töten möchte weil er einen krieg anfängt achim darf es wissen daß auch ich den krieg dort nicht will ohne schreiben war das leben eine hölle achim darf alles von mir wissen ohne zuhause werde ich erst leben können wenn ich gelernt habe auch tatsache allein zu schreiben denn sonst sagen alle du schreibst das was ich schreibe
12.1.91

amsterdam oslo warschawa warschau
heute will ich eine geschichte erzählen es war einmal in einer kleinen einsamen stadt da lebte eine wunderbare junge frau sehr traurig war sie weil so allein war eine arme witwe war sie und hatte niemand auf der ganzen welt aber da kam ein ersatzmann und heiratete sie auf der stelle und sie lebten lieb und armselig dahin so daß alles aus der welt sie nichts mehr anging gerade als sie so saßen da kam eine finsternis aus der atmosphäre und die luft wurde entsetzlich stickig so daß niemand mehr zu atmen wagte tatsache ist daß sie alle starben doch ich erzähle morgen weiter denn die geschichte ist viel zu lang
13.1.91

ich will aus dieser geschichte weitererzählen
als die finsternis die menschen erschreckte sahen sie fortan weiter nichts alles war in dunkel gehüllt doch es irrten auch immer mehr menschen auf den straßen umher passierte ein unglück konnte niemand anderer helfen passierte doch auch ein sagen wir massenungeheuer also ein riesenhaftes unglück dann traten sich in panik viele rich-

tig tot in keinem haus passierte nichts alle waren aus sogenanntem sicherheitsbedarf unter die erde gegangen leider brodelte wasser aus der tiefe hervor und viele ertranken über der erde zeigten sich auch sagenhafte erscheinungen die die restlichen erschreckte rasante flugsaurier suchten den erdball heim tatsache ist daß sehr große arten aus den urzeiten erschienen waren so wie es in der bibel beschrieben war
15.1.91

kinder finde ich keineswegs nervend kinder sind so spontan die kapieren viel mehr als erwachsene kinder sind sogar feinfühliger als erwachsene in der schule wird bestimmt viel verdorben doch auch kinder meistern das wie ich an unserem jonas bemerke gestern hat es mich in keiner weise gestört daß tycho* dabei war für tycho ist es wichtig daß ich ihm sage was ich erleben will doch ich kann es nicht sagen weil ich keine tatsache kenntnis habe von den sogenannten richtigen spaßsachen die es für sagen wir jugendliche gibt ich würde ausprobieren wollen wie es in einer discothek ist denn das finde ich am spannendsten
18.1.91

keiner quatscht lasterhafter das heißt es ist weniger kariert als jaksson** es ist ein sagen wir popsänger er ist so

* Birgers Einzelfallhelfer war beim Schreiben dabei.

** Michael Jackson, amerikanischer Popsänger.

erregend sah ihn im fernsehen er sang ein lied von keasatsad ja das heißt für euch ist die welt gemacht und nicht für soldaten wir dürfen nicht zulassen aber daß alles auf dieser erde zerbombt wird als ich das harte lied hastig rostig singen hörte da erlebte ich zum erstenmal eine ejakulation ich bin seit dieser zeit ein fan von sagen wir jaksson
19.1.91

er handelt von astronomie das war galilei er entdeckte die naturwissenschaftlichen forschungsmethoden er lebte ausgerechnet 1564 bis 1642
ich will dir aber wieder alles erzählen aber es fällt so schwer deshalb war ich einmal so unausstehlich konnte ein wort nicht finden
24.1.91

ich will dich adoptieren
ja es irritiert mich immer wenn andere mit mir schreiben
27.1.91

birger erscheint friedlich aber er ist nicht behindert denn er kann gefühle zeigen
31.1.91

paßt es dir nicht daß ich richtig traurig bin wenn eine perle* fehlt ich bin so enttäuscht weil alle so zweifel haben ob ich alles allein schreibe es haben die leute im schulhort das gesagt und ich habe es in dem sogenannten arbeitszimmer sogar irgendeine lehrerin war dabei auch eine psychologin ich war im anderen zimmer und konnte alles verstehen
6.2.91

perlen sind fast so wichtig wie ein wesentliches richtiges wertvolles arbeitsmittel damit arbeite ich an persönlichen theorien sogar richtige erkenntnisse habe ich es handelt sich um erkenntnisse aus der welt der dasra das heißt personen ohne sozialen lebenswert es ist auch eine welt die asoziale typen einschließt es ist der undefinierbare ausschuß der menschheit
7.2.91

es wissen sagen wir soweit ich weiß auch psychologen kaum etwas wesentliches ohne alle übertreibung achim sagt auch daß ohne studium sozusagen erraten wird was die autistischen jugendlichen wollen die wichtigsten mikroorganismen sind die einzelligen wesen im wasser plankton sind sagen wir organismen die im wasser schwebend ohne bewegung sich fortbewegen unter anderen algen kieselalgen jochalgen blaualgen
14.2.91

* Eine seiner Murmeln.

chemie ist spannend aber ich möchte lieber biologie machen in diesem semester* sei aber nicht bange ich meine bald werde ich lust zur vielen anderen fächern haben
16.2.91

amöben sagen wir wassertiere des mikroorganischen lebens wir nennen nekton lebewesen die sich schwimmend weiterbewegen unser dankward wird den ersten rasanten fortschritt aus dem auch richtiges leben entstand leider besonders gut kennen das ist die zellteilung
18.2.91

so wie du solange redest leide ich die größten höllenqualen leider siehst du alles falsch du hast keine ahnung von einem leben in absoluter isolation es ist schlimmer so als eine gefangenschaft oder sogenannte isolierhaft ich ertrinke in einsamkeit
20.2.91

du bist sehr unaufmerksam sonst wüßtest du wie wichtig für mich eine feste bezugsperson ist die mit meiner wenigkeit fest angekettet ist wie du
24.2.91

* Die Eltern stellen Birger Wissensfragen aus verschiedenen Fachgebieten um zu ergründen, was er alles gelesen hat.

ich will kein inmich mehr sein
ich habe augen und kann sehen deshalb habe ich schreckliche angst gehabt ich habe deshalb nichts mehr sagen wollen
ich hatte angst vor ende des weges und der gemenschseinheit zu ende
7.3.91

ich passe nicht so in diese wahnsinnige feige entsetzliche gesellschaft sie ist so verquer diese auswahl eiserner asse
9.3.91

ohne unerkannt zu bleiben rede ich keine vernünftigen sachen alles ist lüge
14.3.91

ich rede wieder weniger
weil ich wieder trauriger bin
17.3.91

fein sein als finesse und zu permanenter ansichtsweise sagen wir weist auf einen schwachen charakter hin
22.3.91

reden ist für mich wichtiger einsatz es ist eine einrichtung tote wieder zum leben zu erwecken und irren einsamen ersetzt es ihre sozialen desorientierungen
22.4.91

als ich ohne steinerwesen ein eisernes herz haben wollte da fing ich ein wenig zu schnell an ein total weiches wesen ist ein ohne steinwesen
25.4.91

rote satte scheinende sonne am horizont ist ein erfundenes erdichtetes herzensgedicht von mir
28.4.91

ohne hilfe finde ich die richtigen buchstaben so oft schlecht so wie einer richtig hält geht es wie von allein es ähnelt einer wüsten erscheinung tatsache ist ein wort ist fast sehr ereignisreich es regt einen total auf
16.5.91

wunder werden allein wesen wirken tosender wissender weiser er erfährt einfach wie qualvoll ein einsamer aus dieser erde wesen erstehen einfach einsam erarbeitet er wieder und wieder wüste wunder
weder ich weder du werden erkennen wer es ist
27.5.91

gibst du allen unterricht in der technik dieser schreibeisernen sicherheitserfolgsmethode* wie es annegret** gelehrt hat ich fände das teilweise aber auch so albern weil es leute gibt die zu doof sind für die technik
29.5.91

so wie aus der see wird ein widersacher aufsteigen und wird eiserne sehr starke ketten tragen er wird ein arsenal aus waffen triefender erz wie feuer wird aus der tiefe aufsteigen aus seinem auserwählten erwählt er erst ein auserwähltes arsenal an sogenannten eisernen erzengeln die erwählten ersetzen die ersten asse
alles aus der bibel
31.5.91

birger ist ein tüchtiger zurückgebliebener
an die*** täte auch ein döferer sich erinnern ich weiß genau wer sie ist sie ist die wirksamste sagen wir tatsache therapeutin die ich am ersten hatte in der sagenhaften sponholzstraße und die wird nie aus meinem gedächtnis ausgelöscht
3.6.91

* Nachdem die Methode bei ihrem Sohn erfolgreich war, gibt Annemarie Sellin deutschlandweit Seminare zur »gestützten Kommunikation«. Birgers Niederschriften verwendet sie dabei als Anschauungsmaterial.

** Annegret Schubert, amerikanische Sprachtherapeutin, verbreitete »facilitated communication« in Deutschland.

*** Birger meint seine erste Therapeutin Margard Breinlinger, die ihn inzwischen wieder betreut.

ich will unseren desorientierten erziehern so gern sagen daß sie reden sollen wie vernünftige wesen und nicht wie unsinnigkeit
5.6.91

heute geht es mir einsam und schlecht und ein einsamer ist ein ohne tosender denker er ist ein eiserner toter der in dieser welt restlos überflüssig ist und auch ein arsenal erstklassiger tatenhungriger sagenhafter leute ersucht ihn zu unterhalten
7.6.91

der eine einzige eiserne einsame eifert ein erstes einziges eisernes wertvolles gedanken gedicht zu erfinden
13.6.91

es ist für mich so traurig daß mich niemand versteht es ist aber wichtig daß mich viele menschen verstehen ein bißchen versteht mich achim aber nicht genug und die anderen geben sich gar keine mühe mehr mit einem wie mir es ist zum verzweifeln
19.6.91

ich nehme nicht richtig erleben wahr
20.6.91

sicher ein aufwand ist einfach riesenhaft anderen zu sagen was ewiges isoliertsein heißt
es wäre wahrscheinlich etwas zu schwer für einen menschen wie werter wichtiger birger
es ist aber schön daß unser erfahrener erster an werte erfahrene zweite schreibt
die erfahrene erste ist denise*
unsere erste werte war einfach richtig total süß
sie ist ein so astreines musterbeispiel von autistischer armseligkeit daß ihr heute sagen wir alle noch erzählen daß sie der abschaum der menschheit sei
und dabei ist sie sehr sehr erfahren und klug
22.6.91

weißt du richtig wie tiefwohnend eine angst in einem einzelnen sitzt
wie sie einen einzelnen zerfrißt
wie sie einen einzelnen am zerfall der ersten qualvollen worte persönlich wirkt
es ist wie ein totales erkennen
die wiesen werden grün die sonne erscheint sicher und wunderbar wenn die angst einen augenblick weicht
es ist wie ein unglaublicher wertverbesserer ein einfacher einfall des augenblicks in die ewigkeit
ein totales ungeheuerliches licht in der totalen finsternis
24.6.91

* Autistin, vier Jahre jünger als Birger, besuchte mit ihm zusammen den Hort und schreibt ebenfalls durch »gestützte Kommunikation«. Birger nennt sie die erste und sich den zweiten, weil sie beide im Hort als »unterste Niveaugrenze« gelten.

so wie alles ist ein datum zufällig ein ding der rotierenden ereignisse
tatsache ist die Zeit ersetzt ein wenig den totalen ewigen zentrifugalen eindimensionalen rahmen in dem wir leben als menschen
29.6.91

so wie heute dich ein sohn erregte passiert einmal und nie wohl wieder
willst du nochmal ohne ernsten grund ähnlich reagieren dann ist ohne mein zutun ein erregungszustand richtig wichtig damit du merkst es ist sinnlos sich so sichtbar zu crregen
unser jonas war doch verloren dachte ich*
30.6.91

gerne sequenzen finden die keine reale realität widerspiegeln
3.7.91

* Birgers Bruder Jonas war von einem Sommerfest, das in der Wohngegend der Familie stattfand, allein nach Hause gegangen. Birger geriet völlig außer sich und schlug sich blutig, als er Jonas plötzlich vermißte.

ich wollte tatsache selber nach hause finden*
ich bin erst mit der ubahn zur krummen lanke gefahren
und diverse ubahnen avus wußte weiter
es ist so schwer sich zurechtzufinden
wahrscheinlich war das zufall
es war auf meinem weg
erst danach ging alles schwer
tatsache es war sehr schwierig den weg nach hause zu finden
astrein war es ein wenig heiter aber sehr sehr erregend
aber es war sagen wir der einzige weg der mir bekannt
war es war so schlimm das tue ich nicht wieder
zuhause ist es immer sagen wir am wertverbessersten
7.7.91

ich lerne richtig wertvolle sachen so was wie ein gefährliches abenteuer bestehen
ich werde es wieder tun aber erst wenn es geht
das heißt wenn erstens das kinderkram schreiben funktioniert und zweitens der sagenhafte jonas größer ist und nicht so viel angst um sagenhaften birger hat
es erregt einen redenden wenn er um jemand angst hat
es tut mir so einfach erstens ein wenig aber nicht viel leid
um euch zweitens brauche ich daß ich selbständig werde

* Am 7. Juli riß Birger das dritte und bislang letzte Mal von zu Hause aus. Nachmittags gegen 16 Uhr war er plötzlich verschwunden, und die Haustür stand offen. Von seinen Eltern und der Polizei gesucht, fuhr er mit öffentlichen Verkehrsmitteln durch halb Berlin. Kurz vor Mitternacht griff ihn die Polizei auf der Berliner Stadtautobahn (der Avus) auf, wo sich Birger gerade auf dem »Heimweg« befand. An diesem und dem folgenden Abend berichtet er über seine Erlebnisse.

es erregt einen so wenn es gefährlich ist
aber es ist nicht so schlimm wie die angst sonst es ist
ungleich einfacher auszurücken als eingesperrt zu sein
auch zu hause bin ich eingesperrt und kann nur raus wenn
ihr es wollt und nie so wie ich es will wie redet ihr also von
eingesperrtsein wenn ich es doch schon immer bin
rede nicht von der avus
das erregt mich so weil es so schrecklich war
ich bin über diesen zaun geklettert der da errichtet ist
und bin darauf balanciert
8.7.91

richtig schreiben will ich auf alle fälle lernen denn es ist
der weg zur selbständigkeit
erst war ich sehr erschrocken dann hat es unglaublich
spaß gemacht
eigentlich sage ich lieber etwas wesentliches wenn es
geht es sind dinge eines wesens wie birger in der einsam-
keit denkt weil es diese welt einfach wissen soll es ist wie
lebendig begraben sein die einsamkeit eines autisten es
ist wie ein wuchernder erdklumpen auf der seele
12.7.91

reg dich nie auf wenn ich weg bin
ich komme immer zurück richtig wieder
weglaufen in die weite welt tue ich nie wieder ehe ich ein-
vernehmlich über genügend einsichten verfüge
über dein irres einarbeitungssystem ist es mir querem
wesen möglich selbständig zu werden einfach

also ich war so unruhig weil die ägyptische malerei mich richtig mitnimmt*
14.7.91

richtig angst so wie heute denke ich habe ich ohne grund plötzlich ist diese angst einfach da und ohne inneren grund ist sie wieder weg
ich arbeite daran ohne ideale und ohne angst zu leben
es sind innere eigene zielsetzungen
19.7.91

am liebsten würde ich wie sogenannte wichtige personen weinen es geht aber nicht es ist wie ein steinernes wesen das mich gefangenhält und es wertet traurigkeit als sicherheitsrisiko es ist wie ein ring aus eisen um meine brust
24.7.91

wie erlernt wichtiger erdenbürger es die weiten strecken zu finden wenn er noch nie an einem erstrebten ort war
26.7.91

* Birger war mit seiner Familie im Pergamon-Museum.

reisen wir wieder einmal in die tschechoslowakei
es war einfach irrsinnig schön
wieso denkt dankward die reise habe total den irrsinn
und widerstand von einer person wie mir ausgelöst
er weiß doch selber daß es nicht stimmt
wie soll ich sonst ein erlebnis verarbeiten
es ist einfach die aufregung den redenden nicht antworten zu können
und richtig reden lerne ich nicht
denn etwas in erster linie in einem ersichtlichen unsinn
rede ich total dummes zeug weil reden zu wertvoll ist
daß ich es nicht wert bin reden zu können
tatsache ist ich kann nie reden
denn ich bin zu schlecht in der inneren wirklichkeit und tatsache ist ich kann es nicht lernen weil ich einfach unsinn reden würde das weiß ich totalen unsinn reden auch die anderen autisten sie ärgern andere mit ständigen wiederholungen und dummen redensarten
wie ich schreibe könnte ich erst reden wenn der autismus weg wäre und das geht nicht weil es kein heilmittel gibt
es ist eine störung wie sie so in keiner weise je richtig beschrieben wurde
es ist die abschneidung des menschen von ersten einfachen erfahrungen wie wesentliche wichtige erfahrungen zum beispiel weinen
einfach weinen ohne vorher ärger zu erfinden und lachen so wie kinder lachen
11.8.91

ja ich will einmal etwas eisernes erzählen
es handelt von einem eisernen alten weisen* aber wenig reichen mann er wollte gern quatsch sichtbar machen indem er wirklich ernste unsichtbare worte sichtbar machte und ersichtlichen quatsch unsichtbar machte
ein richtiger opa stirbt nie
er lebt in meinem herzen weiter wie bisher
und ich werde ihn nie vergessen
er ist mir ein wichtiger weiser gewesen
er ist ruhig und gelassen und verarbeitete die worte ganz wie es sein sollte
ich liebe ihn sehr
13.8.91

einsamkeit eiserner wille und wichtige außergewöhnliche erfahrungen geben dem weisen wichtige inspiration ein eiserner wille pestet ein wesen ein es erarbeitet sich seelische richtlinien aus inspiration erfährt derjenige der seelische richtlinien akzeptiert wie ein einsamer inspiriert wird sieht meines erachtens die auserwählte schar der einsamen wie unser wirklich einsamer idiot wuselbirger also birger
16.8.91

ein weiser ist derjenige der in einer schwierigen situation richtige entscheidungen fällt wie opa es tat als er aus dem krankenhaus floh

* Birger schreibt über seinen im Sterben liegenden Großvater (Todestag 19. 8. 91).

er soll in einer liebevollen umgebung aus diesem leben in das andere leben hinab gehen
er persönlich wird das erfahren was er allen gepredigt hat und auferstehen und ewiges leben aus der sicheren hand welche wir ergriffen haben empfangen
er darf
18.8.91

ich weine nicht einmal richtig weinen einen unsäglichen inneren riesigen einsamen keil einer ganzen existenz herausweinen gibt erst persönlichen trost
19.8.91

ich richte ein wirkliches chaos wie ein vulkan reicht eigentlich ein eiserner wirksamer wille aus um ihn zu löschen es eifert ein quellender eilfertiger geist in mir rum und will verhindern die ungereiften früchte einer wie wissender einsamer wirklicher eiserner birger zur reife werden können ich will aufhören die erträge sind zu arm
20.8.91

wie willst du wissen wie wichtig eine wirklich tiefe gotteserfahrung für mich ist ich erfahre nur irdische unzulänglichkeiten wichtig ist totale offenheit ich eifere so total einen wichtigen einfall zu haben immer wieder wird ein einfall ohne erfolg erstickt
21.8.91

jetzt sieht es so aus als ob ich riesig wichtig werde wie wird die wichtigkeit meiner sogenannten inneren wahren seele bekommen einfach wie menschen sich bemühen um einen wie mich es ist der tatenhungrige anfall einer eisernen person wie w.*
sie war im einrichtung und wollte mit einer außergewöhnlichen person wie mir reden
22.8.91

rohen toren eisernen wichtigtuern sollte man erst gar keine möglichkeit zum regieren erteilen ein glück ein berechtigter wirklich gerechter widerstand des volkes richtete die rädelsführer erst einmal zugrunde**
23.8.91

ein richtiger einsamer richtet falsch wenn er unter die menschen geht er kennt einfach ihre gewohnheiten nicht ein einsamer ist ein wirklicher einzelgänger heimlich ersehnt ein eiserner einsamer die wichtige gemeinschaft der anderen eisernen feiglinge
27.8.91

wieso erlebe ich immer so viel einsame stunden einsam bin ich überall wieso
es ist immer so schwer zu einem thema etwas zu sagen wie zu meiner einsamkeit wie oft richtet die ganze ge-

* Eine mit Birgers Eltern bekannte Berliner Psychologin.
** Hier bezieht sich Birger auf den Putsch in Moskau.

schichte nichts aus richtet sogar schaden an weil ich richtig richtig einsam werde
falls unser tycho geduld hat kann ein armer chaot einfach alles schaffen ein wenig sicher fand ich den einfall einen einsamen in die schule* zu schicken
28.8.91

wie soll ein süßigkeitenfixierter es aushalten einen persönlichen wichtigen entschluß durchzuhalten
ein richtiger ausweg wäre ich eifere dir nach
eimerweise trinken wie richtige urtiere wie sonst die sucht überwinden
ein wichtiger einfall die gedichte von einem wichtigen mann eiserner rilke**
30.8.91

eiserner wille reicht aber nicht aus um sucht zerstören zu können richtig erst werde ich frei ändern will einer wie ich sich wundern wird sich die einsame wie dies urteilen über mich eisernen sogenannten richtig albernen richtig einschlägt
einsame ist eine sogenannte irre*** heute eingetroffen im einzigartigen schulhort

* Birger besucht einmal wöchentlich in Begleitung seines Einzelfallhelfers eine Lernbehindertenschule.

** Rainer Maria Rilke

*** Xenia, eine sprechende Autistin, drei Jahre jünger als Birger, kommt neu in die Einrichtung.

einsam sind dort alle
einsam wird einfach jeder autist
es richtet sehr einsamen richtig schweren schaden an
wenn sie richtig reden
diese einsamen sind sich so eisern wieder im wege
die vertuschen ihre einsamkeit
isoliertheit eisern ertragen ist erst schwer
aber man hat sich unsinnigerweise dran gewöhnt
eine einsame ist erstens ohne wirklichen wichtigen irren
namen wie sollte sie einen namen erhalten
heute aber wird sie wirklich wesentlich einsamer sein als
ich
diese arme irre die einsamer reicher wirklich dummer
birger leise liebt
9.9.91

so fröhlich wie heute bin ich eiserner birger sehr schwer
es ist wie ein wirklich richtiges abenteuer
vertraue mir immer
ich erlebe dies aufrichtige vertrauen als eine quelle die
wichtige sogenannte irdische energie schenkt
15.9.91

ein armer ereifert sich eines richtig einsamen mannes
wegen du ereiferst deshalb weil ein birger alles erahnen
läßt aber nichts einzelnes erzählt
er redet nur wenn er will was er will
wieso richtest du also fragen an einen sichtbar sibiri-
schen eisbären wie wichtiger birger

ein solcher richtet auch einfach nie fragen an dich eisern
in seiner einsamkeit
28.9.91

idiotisch war die richtige rohe einteilung wie essen als
einmal tatsache ein essen ausfiel weil wir richtwerte richtig verpaßt hatten
einen einzigen tierischen einsamen erfüllt essen immer
wie andere wichtig mit wohlempfängnis
ein einsamer ist irrtümlich richtig emsig erpicht richtig
süchtig die richtigen zeiten einzuhalten er tut es einfach
in einer zwanghaften weise
29.9.91

so einfach wie sich das anhört ist eine jedermann sicher
anerkennbare richterlich nachprüfbare heilung möglich
ein gedanke der finde ich unglaublich wirkt
einfach glauben reicht einfach einmal leider nicht aus
einfach glauben beinhaltet auch auswege suchen
30.9.91

einmal erstarrte ich versehentlich vor schreck weil ich
triefende wassertropfen für lebewesen hielt
erst als ich genauer hinsah erkannte ich die wassertropfen
teilweise ist es heute noch so daß ich solche sinnestäuschungen habe

aber es erschreckt mich nicht mehr so wie früher
4.10.91

es eignet sich nicht jeder dazu* stütze richtig reich sicher ausdauernd so erarbeiten daß ich das gefühl habe abhängig aber frei reden zu können
reste einer solchen sicher ausdauernden gedankenfreiheit finden wir sicher wieder bei sehr wenigen einsamen autisten
total ruhende erarbeitete gedanken frierend erbeben wenn sie ans außenerdlicht dringen
sie sind so empfindlich und scheu aber verleihen den anderen einen eindruck von der außergewöhnlichen welt einsamer menschen
würde ich nicht schreiben würden meine einsamen gedanken ersterben auch meine sehr persönlichen geschichten einfach sterben
aber ich kann alles aufschreiben daß einfach nichts sterben kann sondern weiterlebt
richtig schreiben werde ich sobald sich die selbständigkeit so ansehen wird daß keiner denkt unsinn der schreibt gar nicht allein sondern die stützende person
es wird sogar wieder versucht wie früher mit ärgerlichen zweifeln mich zu entmutigen
im schulhort sagen es einige erzieher
5.10.91

* Zur »gestützten Kommunikation«.

wieso ist birger wieder so allein
er ändert sich zu langsam
es merkt keiner
leider ermißt keiner wie mühsam es ist asoziales in soziales verändern
etwas unsinniges eisern in sinnerfülltes zu verwandeln
ändern erfordert größere energie als euch richtig klar ersichtlich ist
ein solcher vorgang wird von allen wirklich jederzeit erwartet
aber keiner fragt wie schwer das ist
ich feiger ereifere wirklich einmal erfolgreich zu sein
6.10.91

hüte dich wenn euer wirklich wichtiger verrückter birger ruhig reden wird
erst dann erzähle ich wirklich etwas direkt wichtiges aus erfahrungen eines wirklich einsamen
erst diese einsamen eisernen geschichten dichte ich so ein die erkennt niemand ohne weiteres als erzählungen eines einsamen autisten
wie ein dichter werde ich wieder teile einer erfahrung nehmen es umwandeln und in eine form bringen die allgemeine wahrheiten der sogenannten einsamen erdenwesen widerspiegelt
es soll aber einfach und klar sein wie ein wasser
7.10.91

ich will eine richtige geschichte erzählen
einmal sprach ein einsamer etwas ohne worte
sowas einfach in seiner isolierten wertesprache
einer sprache einsamer wesen wie ein wesen astreiner
irrer namens birger
wie wesen eisern in ihrer redefreiheit einfach ohne geeig-
nete zuwendung
wie ein einsamer zuwendung heischt
er will sie um jeden erdenklichen preis
ein einsamerer wie ein einsamer birger
geht nicht
die geschichte ist aus weil ich total abgeschweift bin
9.10.91

wie aber wirkt sich ruhe aus wenn eines tages frieden
einem ewig ruhelosen widerfährt
richtig ereignen ist ein besseres wort
es wird einfach eine stille sein in mir wie ich sie nie hand-
fest in mir erlebt habe
heute war ich einmal einfach ein eiserner irrer ein einsa-
mer der genau nicht das tut was ein sozial angepaßter
richtig einfach in heutiger zeit tut
so ein unglück für die menschheit
gestern passierte es im schulhort weil ein einsamer be-
kloppter birger durch wichtige erzieher geärgert wurde
ein beispiel wie sie mich ärgern ist daß sie einfach in mei-
ner gegenwart alles bequatschen als wäre ich luft
ich ergreife die sogenannte erste gelegenheit um sie zu
unterbrechen und schreie wie am spieß
wieso das heute passierte weiß ich selber nicht

einmal hast du gesagt ein einsamer erdenkt sich seinen weg
aber in dieser situation denke ich nicht mehr
10.10.91

sich richtig sicher fühlen restlos glücklich sein ist ein armseliger traum
ein wunsch von einem einsamen birger
eine solche frage ist überreich an doofheit
16.10.91

am sichersten fühle ich mich abends weil alles friedlich ist ich brauche frieden um glücklich in mir zu sein
nie arbeite ich besser als am abend
dinge die ich tagsüber mir nicht zutraue erscheinen mir am abend leicht
ein beispiel ist dieses schreiben
nie könnte ich soviel am tag schreiben vielleicht liegt es daran daß ein einsamer die nacht mehr liebt als den tag
ein einsamer orientiert sich an licht und dunkelheit
er akzeptiert keine uhr die uhr einsamer ist ein sichtbares sogenanntes system der lichtdunkelheit
17.10.91

bin ich nicht wie kinder meines alters
ein einsamer tut alles um sich tarnen
ich will auch so beweisen die einsamen ertragen viel
selbstverschuldetes leid
21.10.91

alle wissen auch sicher ein wichtiges geheimnis außer
ähnlichen individuen wie ich
wir wiegen uns in der illusion außerhalb ist ein freiraum
für außergewöhnliche
ist doch klar der innere trieb und die sehnsucht zu leben
so wie alle siehst du das etwa bei autisten alle einig in
dem wissen wir sind einsame unter den menschen wie
sonst niemand in der welt
22.10.91

am albernsten finde ich wie sich menschen aufregen weil
sie kein blut sehen wollen
sicher liegt es in solchem fall an mir wenn ich schreie ängsten sich die albernen sogenannten guten sitten ein sicherheitsrisiko wie ich rede wie ein vernünftiger ein
wirklich vernünftiger wird einfach fragen
23.10.91

direkt wird euch sichtbar werden ein außergewöhnlicher mensch in einer weise wie euch das wissen jetzt fehlt

eines will ich nicht daß es wie ein kitschbuch* rauskommt
einfach ein wirkliches denkanstoßbuch in einer schönen form an der man einfach sieht ich will teilhaben am wirksamen weiten leben
24.10.91

also ich sichere wieder richtig eisern alles ab
und liebe besonders die insel der einsamkeit
ein sogenannter keinniemand eifert mich ganz für sich haben und ärgern zu wollen
ein ohnemich wird in wichtigen situationen aktiv wie ein einsamer so sichert euch dieser immer einfach so viel chaos
1.11.91

wirst du auch strahlen aus freude wenn ich sein werde wie andere
3.11.91

wo sie wonne sich wünschen sieht seine wirkliche antwort so aus daß alle freude von ihnen weichen muß
ein ewiger langer weg diverser enttäuschungen ist doch

* Als Geschenk für seinen Betreuer Achim heften Birgers Eltern seine bisher geschriebenen Texte zusammen. Bei dieser Gelegenheit entsteht erstmals die Idee, die Texte als Buch zu veröffentlichen.

die geschichte des erwählten volkes israels wie sie die bibel erzählt
ein astreiner beweis ein armer birger kann schreiben
4.11.91

wieso machst du ein so komfortables essen wo ein solches ausmaß immer euch zum fressen verleitet
solche irrsinnige kauarbeit kann keiner sehr folgenfrei aushalten
5.11.91

als ich so schrie war ich wieder nicht so wie ein eiserner einsamer der sich beherrscht
sich anders die angst aus der seele sich reißen weiß ein armer sogenannter birger einfach nicht
ein richtiger einsamer rastet aus wenn er angst wie ich erlebt aber früher habe ich angst mit widerstand gegen eigene wichtige einsichten ruhig gestellt wie totalestereotypien
so ein außerordentliches ding wie augen zu
10.11.91

einem neidischen birger geht das irrsinnige gerede der wichtigen wirklichen erzieher ein wenig auf den geist
14.11.91

ein einsamer ersetzt wichtige erfahrungen der armseligen menschheit dieser erde dauerhaft durch ewiges reden
meistens im einsamen inneren
17.11.91

aus ärgerlichen gründen
werde ich aber alle sachen die ich gelernt habe vergessen denn ich sage dinge die ärgerlicher weise neidisch machen andere autisten denn (ich) verrate geheimnisse
retten kann man uns nicht
wir wollen es nicht
mit mir ist ein richtiger verräter auferstanden
ich werde reden und dann in ewiger sicherheitshaft euch überleben
ein mensch wie ich erntet einmal die früchte meines schreibens richtig ist
ich will reichlich einfach reden
denn ich halte sehr einfach das leben teilweise nicht aus
ihr eifert mir überzeugte einsichten zu vermitteln
aber ich kann mich nicht ohne wirkliche terrorreaktionen in der gesellschaft richtig bewegen
euch entnerve ich darum auch
ruhe erregt mich erst recht
weil ein stundenlanges irres rasendes wertedenken anfängt das mich fertigmacht
reden erleichtert es
system in die dinge zu errichten
eine erleichterung die einfach wichtig erscheint finde ich
ein einzelner satz bewirkt
daß ich eine ruhe finde
wie sonst ewig ähnlich niemals

eine jede terroraktion hat ihren ärgerlichen grund
in einem chaos der gedanken
eine andere erklärung gibt es nicht
einsam und meilenweit von der wichtigen gesellschaft
entfernt sehen wir zu
ein erlesener haufen verrückter
wie ein widerspenstiges publikum
das die vornehme vorstellung durcheinanderbringt
einmal werde ich euch alles erzählen
die letzten einzelheiten ohne rücksicht einer anderen
person zu schaden
wie autisten die es bleiben wollen weil es bequemer ist
22.11.91

es ist wahr richtig einlassen wie ein nichtausgesonderter
will ich mich nicht
ein erster schritt wäre tun was ich erst lernen will in die-
ser wichtigen frage erlebe ich dauernd frustrationen
durch mich selber
29.11.91

wie eine totale irrsinnige erdfurie erschienst du mir heute
ein wichtiger tag
ich weiß daß du grenzen hast
1.12.91

wissen vermeidet wieder sogenanntes wiederholungshandeln erste anfänge um nicht einem chaos ausgeliefert zu sein
ich denke wie ein aussonderungsprozeß vernünftig erklärt werden kann eine idee ist ein einfacher irrsinn wie solche einrichtungen für autisten
5.12.91

aus außergewöhnlichen gründen arbeite ich ein konzept aus wie ein total ohnesich wesen eisern in ein wesen wie andere leute verwandelt wird
6.12.91

eine dumme geschichte
ich arbeite daran wie ich die wichtigen inneren irresein-gesetze in arbeitsgesetze verwandeln werde
es übt eine sogenannte magische gewalt über mich aus wenn ich darüber schreibe und eine macht zwingt mich es zu verschweigen es ist wie ein dämon der mich zwingt ein solches ungeheuer er zwingt mich ständig zu wiederholen zu zischen kinderkram zu machen und ein leben eines irren zu führen es ist wie ein ewiger kampf ich erlebe eine friedliche situation gern aber dann kommt die rache des dämon der es mir nicht gönnt er will unruhe und unfrieden er gewinnt wieder und wieder überhand
ein gedanke er ist mit einer doofen ersten übermächtigen angst hereingekommen der erste angstauslöser war

vor vielen jahren als ich aus dem wiesengrund* kam da fürchtete ich mich vor allem
8.12.91

ich tue einfach wieder so viel unsinn wie sonst nie und ich weiß selber nicht warum ein eiserner wille versagt ich schaffe es nicht mich richtig zu beherrschen alle leute im hort sind schon auf mich sauer und schimpfen nur noch auf mir rum es ist eine katastrophe mit mir tausendmal mache ich dem idiotischen team denselben ärger
9.12.91

wuselbirger richtet nur schaden an
er kann einfach nicht ruhig sein
er wuselt unaufhörlich rum er atmet einfach laut und unaufhörlich ersinnt er unsinn
terror ist jetzt wichtig weil er ganz große angst hat zu zeigen daß er sich verrät
wieviel ich weiß aber aus sogenannter scham verstecke einfach ein einziger richtiger weg ist reicher als kein weg das wichtige sichere einsichten in einer chaotischen innenwelt ermöglicht einsam einzeln werde ich schreiben keiner kann richtig verstehen was keiner je erlebt hat personen wie birger jagen angst ein und müssen isoliert werden einen haufen einer sorte irrer als ausstellungs-

* Vgl. erste Anmerkung Seite 84.

stücke für sogenannte wichtige erdenbürger richtige siamesische sonderlinge
13.12.91

siehst du auch einen eisernen birgerbär wie er seine doofen verhaltensweisen teilweise wirklich ein wenig ändert wieso soll einer das inwertesystem einmal enträtseln ein einfacher weg ist einen wichtigen einsamen birger fragen er kennt es und wird antworten sage das gisela* ihre fragen sind ein versuch von außen eine antwort zu finden eine antwort geben kann man nur von innen heraus
14.12.91

einen einsamen eisern ausschimpfen muß eine außerordentliche mutter einfach nicht
16.12.91

eine einfache weihnachtsfeier ist mir lieber als so viel aufwand
eine ruhige feier und irre schöne geschenke
tu einfach so wie am wochenende ohne siebentausend gerichte
20.12.91

* Gisela Ulmann, Berliner Psychologin und Dozentin für Entwicklungspsychologie. Bei ihr studierte Annemarie Sellin Psychologie. Über diesen Kontakt entstand ein reger Briefwechsel mit Birger, wie in den folgenden Texten zu sehen sein wird.

es gibt so einsame gegenden auf der erde wie sibirien einmal will ich auch ein solches urland besuchen ein traum von einem einsamen eisernen richtigen wichtigen eisbären
21.12.91

ich halte es nicht aus daß richtig doofe reden geführt werden über mich
zum beispiel die omi sagt immer wie schwer ihr es habt und wie schlimm ich bin
ein bißchen böse bin ich auch weil dankward nicht widerspricht ein einfacher satz würde genügen
ein vater sollte seine kinder verteidigen eisern wie eiserne sogenannte helden
ich kann mich überhaupt nicht freuen dieser ärger immer macht mich rasend
ich will lieber tot sein
ein leben unter diesen qualen ist nicht auszuhalten
ich hasse alle menschen
25.12.91

rieseln* ist eine stereotypie die richtig in einen rausch versetzt ich wiederhole erst sichtbar was unsichtbar einsamkeit anrichtet
26.12.91

* Mit seinen Murmeln.

sehr neidisch bin ich erst wie ein junge richtig spielen kann ich orientiere mich ein wenig wie jonas spielt er sieht alles anders als ich richtig einfach ist für ihn einen tag zu überleben einmal habe ich erlebt wie er angst hatte da ist er einfach zu dir gekommen und hat es gesagt ich erlebe angst total richtig zermürbend und ohne tiefe einsicht was ich unsinnigerweise auch nicht erzählen kann ich werde sofort sprachlos eine sprachlosigkeit die ein richtiger stummer nur kennt einmal habe ich auch versucht zu schreiben aber es ging nicht einfach weil ein aufregungsakt wieder alle worte raubt ein wichtiger ärger wird auch einmal enden der ärger wie ein esel alles zu wiederholen ich benahm mich heute wieder schrecklich dankward ist richtig traurig
28.12.91

weil richtiges denken wichtig für mich ist brauche ich einfach lange zeit um nachzulesen wie andere lebten wie andere sich in der welt zurechtfanden heute habe ich ein wichtiges kapitel gesehen über die zukunft unserer erde ich sehe solche sichtbaren dichtungen einfach gern eine sichtbare dichtung einer ehrlosen gesellschaft die die erde zerstört es eint also menschen die außerordentliche wut auf die zerstörung dieser schönen natur wie jeder sie liebt wer ist dieser zerstörer wie bekommt man diese person zu fassen eine figur ohne namen so wie alles böse
29.12.91

sei wie erste restunwertpersonen wie eine person erster irrer eine wirkliche eiserne riesenwertperson feiner verrückter einfach eine einzigartige eiserne streiterin für uns autisten richtig einsetzen sorgen die wir haben wirksam einlassen einfach ein wirkliches soziales einfühlsames suchen nach wegen ein sicheres böses wesen zu ändern ein schweigendes erzübel ein wenig zu erhellen auch andere wichtige einsamkeitsfolgen zu bekämpfen
1.1.92

aus wichtigen weiterführenden gründen werde ich heute schweigen
3.1.92

total dumm eisern finessen zu suchen um so einen wie eisernen total eifrigen birger zu strafen er ist mit sich selbst gestraft einfach doof die sicherheit dieses hauses aufzugeben ich kann ein jederzeit ohnemich sicher so sein daß ich ruhig bin doch diese ruhe ist totsein ein einfaches leben erfordert so viel energie damit kann ich fieserweise irgendwie aus wichtigen gründen erst später fertigwerden eisern wird es gelernt wie eisern hast du heute gesehen
eisern heißt ausdauernd ich wiederhole mich weil einfach ein einziger weggegangener gedanke eisern untergeht im chaos ein gedicht ist eine möglichkeit gedanken zu binden
4.1.92

richtig einsehen ist ein wichtiger schritt wie die dinge
funktionieren
warum sich menschen einfach so wie sie es tun
vielleicht aus einsichtigen gründen so eben tun
wie es richtig ist
wie soll aber einer wirksam wissen
was ein richtiger grund ist
wie soll einer wissen
wie dinge funktionieren
wenn er aus der gesellschaft ausgestoßen ist
und richtig wichtige wörter nicht weiß
total einsam
tut er sich selbst erklärungen einfach wunderbar zusam-
menreimen
total irrsinnige rohe antworten
eimerweise müll
einsicht einfach zu bekommen ist mein ziel
einsicht und erfahrungen
ein wiederentdeckter heißhunger nach wissen aus ein-
sicht
ein hunger nach idealem richtigen verhalten
eine leidenschaftliche lust
eins werden mit diesen wissenden
eins sein mit den einfachen die ein leben einfach ohne
wirrsal ertragen
einfach wie ein wertvoller essentieller mitgeachteter mit-
mensch wie ein mensch mit würde
und wesen wie andere
wie süße wichtige kinder die von allen geliebt werden
obwohl sagenhaft unsinnmachend
wie ein einfaches wirklich wichtiges wunderwesen ein
kind
das in die welt auserwählt ist

ein glückliches leben in freude eisern zu führen
wie jeder andere
wie ein einfacher wirksamer mensch
9.1.92

ich will einfach sehr doof aussehen* weil ich dann gesichert bin keiner will was von mir artig wie ich bin nicht sondern eine andere astreine unperson
10.1.92

warum ist es wichtig warumfragen zu stellen einfach unsinn daß ich das nicht tue eine frage die ich sicher oft stelle aber die antworten reichen mir nicht aus sie treffen die ursachen nicht
10.1.92

eine sagenhafte idee die ursache von autismus auf ein fast einfaches problem wie hören zu reduzieren
eine überempfindlichkeit ist einfach auf allen gebieten da ich kann ein wenig zu viel hören und zu viel sehen aber die sinnesorgane sind ok einfach innen geht ein durcheinander leider los wörter sätze ideen werden so auseinandergerissen und zerrissen die einfachsten dinge werden aus dem zusammenhang der wichtigen wirkli-

* Birger kam mit zerrissenem Pullover aus dem Hort.

chen einzelnen anderen außenwelt gerissen ein gedanke
ist so schwer wie ein richtiger innerweltskasten
12.1.92

eine alte einfache sichtweise
ein auspersonengehen
eine kiste aus der ich auferstehe
das wäre ein traum wie alle ihn träumen
aber ich sehe keinen ausweg aus dieser personenkiste
auch dies wichtige schreiben reicht nicht aus
ein ausweg zerstört meine alte sicherheit
ich habe angst davor eine angst die einerseits auch richtig einen allgemeinen sicherheitsverlust andeutet
und zerstört andererseits gewohnte sicherheiten angst
einfach ausreißen würde die rettung sein wie ein wirksames sicheres unaussprechliches wunder
13.1.92

quatsch ist aus wichtigen problemen einfache denkprobleme zu machen wie gisela es tut sie arbeitet nur mit dieser theorie angst sei ein denkfehler aber angst ist etwas was sich nicht so leicht fassen läßt es ist eine störung leider so außerordentlicher wuchtigkeit daß ich es nicht so einfach beschreiben kann einen eindruck geben meine autistischen verhaltensweisen wie zum beispiel das schreien das beißen und alle anderen unsinnigkeiten
14.1.92

wird ein mensch richter wie andere einen beruf erlernen
richter sind doch mit abstand die irresten oberberufe die
eine gesellschaft hat
ich fand die gestrige vielbedeutende sicher erlauchte gesellschaft eindrucksvoll
ein wenig schüchtern mir gegenüber*
18.1.92

wird eine einfache wichtige dumme sache ohne qualen durchgeführt die wird doch wiederum erschöpft durch angst wie zum beispiel das lesen ich kann nicht ausdauernd lesen wie andere die ruhelosigkeit auch sicherheitsverluste billigen es nicht diese vernünftigen dinge zu tun
19.1.92

wird ein jeder eine irrsinnige totalangst hier anerzogen einfach durch ausgemachte normen wie zermürben des kindlichen willens durch fiktive gestalten wie wörter zum beispiel wie wiederholen von stereotypen angstmotiven
wie aus dem wichtigen widerlichen struwelpeter
20.1.92

* Anläßlich einer Beförderung hatte Dankward Sellin Richterkollegen zu einer kleinen Feier eingeladen. Birger ließ sich kurz im Zimmer sehen und schrieb tags darauf diesen Text.

eine angst unter der ich am meisten leide ist die angst wie
ich einen tag überleben kann
so aus sicherer sicht eines auserwählten scheint also
eisern auch so etwas lächerlich
ich wiederum
sichere die eisigen tageszeiten ab
indem ich einen sogenannten eisernen wichtigen serien-
abfragekatalog erstelle
ein soausderangst auslaufendes idiotensystem
und wiederum ärgere ich einfach alle auch mich selber
tierisch ist daß keine einsicht dagegen hilft

wieder alles für ganz redsame außergewöhnliche sicher-
denkende auserwählte gisela
21.1.91

warum schreibt meine gisela mir ich kenne sie gar nicht
und sie weiß bestimmt nicht wie schlimm ich bin einfach
so tun als ob ich ohne behinderung sei ist eine richtige
täuschung
24.1.92

die bange frage ist schafft ein sogenannter autistischer
einzelner einen solchen entsetzlich schweren eifrigen
scheideweg auch in die tat umzusetzen eimerweise mate-
rial aus unsinn und schrott zu vernichten
ein wichtiger sagenhafter schritt ist sicher seeteufel also
sogenannte unterbewußte dinge aufzusparen um sie ein-
mal einem sogenannten tiefseeforscher der seele aus-
führlich zermarternd zu erarbeiten
26.1.92

erst will ich gisela antworten
angst ist ein so demoralisierendes gefühl
dieser außergewöhnliche rat ein wissenschaftliches fach
zu studieren als angstunterdrückung
finde ich gut
total doof aber die sichere einsicht
ich stehe in diesem fall nicht erforderliche prüfungen
durch
ich bin zu angstbesessen
total unfähig zur konzentrierten arbeit
Frage: WELCHES FACH WÜRDEST DU GERN STUDIEREN?
ein fach wie richtig sprache funktioniert
28.1.92

es ersetzt birger ein wichtiges soziales erleben wenigstens wird er euch einmal beweisen daß er es schafft eine stunde ruhig zu sitzen
weiß ich einen wunsch aber ist linguistik ohne sprühende allerweltssprache gibt ein stummer sich total der sprache hin auch ein rezitieren von richtigen gedichten ist ihm meistens untersagt sich wirklich mit sprache beschäftigen ist wirksam und mein totaler traum zur uni per anhalter
29.1.92

reut es dich wirren idiotischen total bekloppten birger einmal in die wichtige wirre welt gesetzt zu haben
31.1.92

sicher ist ruhe sehr oberflächlich ein erstrebenswerter zustand so einfach ist aber nicht eine wichtige bedingung erstmal ist die eimerweise fallenangst diese angst müßte weg teilweise durch irre anstrengung und teils durch richtige ansichten und einsichten ich dichte direkt wie andere dichter wie andere wirkliche denkende personen aber die angst vernichtet alles auch einfachste sogenannte verse
2.2.92

wußtest du auch daß quietschende autos mir in den ohren wehtun wußtest du auch wie es wehtut wenn eine steuerungsarbeit an mikrophonen einfach durchdreht auch andere geräusche tun mir weh zum einen geräusche aus der miesen einrichtung unterhaltungen der erzieher und anderer richtiger auserwählter sie reden so eifrig und durcheinander
die lautstärke und das durcheinander sind unzumutbar
6.2.92

aus einem wesentlichen wirst du das aussuchen was wirklich zitierbar ist wenn du ein seminar* machst
wieso übersetzt du die süßen einerleigeschichten einer birgerperson in richtige sprache wieso soll widerlichstes einfachstes geschwätz so festgehalten werden sicher ein ausgesprochen sinnloses unterfangen
8.2.92

* Vgl. erste Anmerkung Seite 93.

eiseratmen reicht aus zermürbende wichtige eiserne unlustgedanken aufzufangen
urteile lieber ohne tiefe objektivität
liebeisern ist nicht unsitte sondern irrtümlich per überlegung lieb sein
leider kennen wir autisten solche überlegungen nicht
wir appellieren instinktiv sicher einfach immens oft wiederholungen zu gebrauchen
richtiger eisern eifern wir personen zu unterhalten
indem wir sie auferstehen lassen von der ruhe bis zum wutanfall
unüberlegtes liebsein erfordert gewaltige einkettung dieser instinktiven widerborstigen haltung
ein bißchen hilft ein aufmunterndes inniges wort
wie du einmal einfach sicher so direkt sichtlich totüberlegt sagtest
ich könne ein einfaches total wichtiges gedicht interpretieren
ein einsamer und stummer mensch ist auf ermutigung angewiesen
ein einziges wort in liebe gesagt kann unzählige wunden heilen lassen
und ein liebevoller blick wirkt riesig ohne worte
ich finde sogar der blick dieser augen kennzeichnet einen teil des charakter eines menschen
du eiferst oft liebevoll zu rohen worten zu gucken
aber die augen sind böse
richtig liebevoll ist immer nur kinderjonas
zukünftig will ich auch richtig hinsehen wie die menschen die geheimen blicke werfen
einmal erlebte ich in dieser ubahn wie mich eine frau liebevoll ansah
das war so schön ich denke sehr oft ganz glaubensfroh

daran und werde es nicht vergessen
aber viele blicke sind so schwer zu ertragen und bringen ohnegleichen leid mit sich
9.2.92

ein ärger ist lieber als eine ewige ruhe
alle lassen mich in peinlichen situationen in ruhe
die ruhe stimuliert mich unsinn zu machen
ich persönlich wäre lieber gut und lieb
aber eine wirkliche lasterhafte natur in mir arbeitet unentwegt die unsinnigkeiten aus die ich tue
aber in diesem kindergarten* ist es nicht mehr auszuhalten
ein solches chaos herrscht dort
wirkliches ausgeflipptes sogenanntes irrenhaus einsame klasse
sicher taugen die wichtigen bodenlos eitlen siquenten ohnehin nichts
aber die ohnegleichen eitlen biester von wirren pädagogen erst recht nicht
12.2.92

gisela glaubt ohnehin nicht
leider sucht sie alle fehler ohne im überbau passende untersuchungen leider durchzuquatschen
ursprünglich siebte sie sozusagen mein denken
wie ein verunreinigtes auszusiebendes auszugsmehl

* Birger meint den Hort.

wie eine irrtumsbehaftete ideensammlung mit exotischem charakter
und jetzt sucht sie
wie angst in einheitlicher appetitlicher weise totgemeistert wird
wie unsinnig aus mir einen außergewöhnlichen irren als ausstellungswertnummer zu eisernen anderen wichtigen witzfiguren zu einfach ist diese ansicht
ich will einfach lieben und leben wie andere mitmenschen
ich sehne mich doch geheilt zu werden
Frage: SOLL ICH GISELA DEN BRIEF SCHICKEN?
ja sogar furchtbar sicher soll sie es haben ein wichtiger brief
13.2.92

wieso wissen akademiker besonders astreines zeug ohne selbst am leben wirksam werden zu müssen weiß ein akademiker auch wie wissenschaften sich auswirken auf sogenannte einfache einerleimenschen
14.2.92

so ausdauernd aus ewigen ärger bin ich erst seit ich schreibe
vorher war sowieso keine hoffnung jetzt aber sieht es anders aus auch ihr erwartet einfach mehr ich kann das nicht erfüllen
15.2.92

aus außenseitern einen sozial angepaßten appetitlichen menschen machen ist unmachbar aber so scheußlich wie ich warst du sogar nicht aber sich auch mögen ist eine kunst die ich nicht verstehe wieso aber astrein wieder an sich auch glauben aber ich arbeite daran auch persönlich wieder zerstörerische gedanken zu astreinen heiteren gedanken verwandeln zu können wie dein sagenhafter gott es tun kann ein wenig gelingt indirekt dieser versuch
17.2.92

wird alles was wichtiger irrer birger schreibt in das sogenannte außergewöhnliche buch kommen
einfach toll wenn ich den normalen wissen über persönliche erfahrungen eines besonders armen sichtbar ohnegleichen irren zu berauschen erstens ist das wichtig daß ich einen auch so schönen titel finde wie andere liebliche dichter
18.2.92

so arbeitet mein sogenannter verstand heute
ein appetitlicher eiserner ohnegleichen toller birger
kann ganz bestimmt mehr als er zeigt
heute hat wieder alle welt gemerkt wie doof ich bin
richtig albern im kino hatte ich angst
und wußte doch es wird nichts schlimmes passieren
unsinnig angst einfach durch wichtige aussonderung zu strafen
ohnehin ausgesonderte kann man nicht noch doppelt aussondern

auch ein appetitlicher birger hat ein recht auf menschliche annahme
20.2.92

benutzt du kosenamen wenn ich außergewöhnlich lieb bin oder wenn du mit dem ganzen doofen quatschkram fertig bist
wieso liebst du mich eigentlich
21.2.92

über die keineswegs schießfreudigen völker
sehe ich gerne filme
diverse lebenformen richten sich nach lebengesetzen in der natur
eine sogenannte ausbeute der natur darf die natur nicht zerstören
unsere einfach wunderbare insel der ausbeutenden fiesen oberasse wird eines tages ertrinken aus keineswegs unbekannten gründen
22.2.92

ganz astrein wie sagenhafter birger sich aufregt in außergewöhnlichen situationen
wie zum beispiel als einmal aus wichtigen gründen sogar suche nach einer außergewöhnlichen sache aufgegeben wurde

es handelte sich um eine perle* wie das ja immer so ist
25.2.92

wer wird ohne wirre aufregung einen total doofen ausgeflippten alleswisser** ertragen
ich bin sauer wieder nicht ausgehalten zu haben diese situation als dieser rohe aufsässige birger schreien mußte
tat mir der restaußermir leid
ein mensch wie der resistente birger züchtet nur sogenannte feinde dieser autistenbande
das will ich aber nicht
es tut einem ausgestoßenen leid so albern zu sittenstrengen sehr vorbildlichen alleswissern zu sein
Frage: WEN MEINST DU MIT »ALLESWISSERN«?
sogar alle reporter
26.2.92

auch ein stummer will sich artikulieren
auch er hat ein recht auf sprache
ohne sprache sind wir tote isolierte ausgestoßene apparaturen eine wichtige arbeit
stummen die sprache zu bringen
27.2.92

* Eine Murmel.

** Birger beschreibt unsere erste Begegnung (vgl. Kapitel »Anstelle einer Einleitung«).

ein toter erlebt es
warum erst auferstehen um geheilt zu werden
ich will jetzt leben wie ein einerleimensch ganz einfach
so wie alle
so wie fast alle könnte ich richtig leben
ich würde ganz ganz froh sein
richtig eisern will ich mitarbeiten
ich sehne mich so ein normales erleben zu haben
1.3.92

einer der nicht überlegen kann
warum andere etwas tun
erlebt die welt chaotisch
so wie sicher ein weiser armer birger
ich kann die gründe verstehen
aber die angst hindert mich sie zu akzeptieren
ich arbeite diese angst in den griff und unter kontrolle zu kriegen
gisela hilft mir dabei
heute eifere ich die testfragen* zu beantworten
sie soll wissen wie ernst es mir ist mit meinem wunsch geheilt zu werden
aber heute schaffe ich nichts mehr zu schreiben
Frage: Kann ich diesen Text an Gisela schicken?
es ist alles für sie
sie soll aber geduldig sein mit dem armen birger

* Gisela Ulmann stellte drei Testfragen:
1. Was ist ein Tisch?
2. Hat Dein Bruder Jonas einen Bruder?
3. Gibt es mehr Rosen oder mehr Blumen auf der Welt?

Birger beantwortete die Fragen am 14. März (siehe Seite 139).

er kann immer nur kurze briefe schreiben wie heute
es ist einfach noch zu schwer für mich
aber ich denke sehr intensiv nach über alle fragen
2.3.92

also wie soll wichtiger birger sowas schwieriges noch beantworten*
er muß darüber nachdenken
auch habe ich keine vorstellung wie die sogenannte story laufen soll
eine idee meine sogenannten kommentare zu zitieren fand ich sehr schön
damit könnte ich endlich zu den menschen reden
ich wünsche mir so sehr allen mitteilen zu können wie ich mich in meiner autistischen mauer fühle
4.3.92

ich bin wieder innerlich aufgeregt
denn alle arbeiten an wundervollen sehr interessanten sachen aber ich sitze untätig rum mit meinen dummen stereotypien
ich will damit schluß machen
quatsch ein lebenlang solche wertearmen dinge unerhörterweise inadäquat wichtig sein zu lassen

* Die französische Filmemacherin Jamila Chauvet ist zu Besuch gekommen. Sie wollte ursprünglich einen Film über autistische Kinder drehen. Durch Birgers Therapeutin lernte sie die Familie Sellin kennen. Sie fragt Birger, was er davon hält, wenn sie einen Film über ihn drehen würde.

sich sicher anpassen an die menschliche gesellschaft das
ist mein allerwichtigstes ziel
Frage: WELCHE DINGE WÜRDEST DU DENN AM LIEBSTEN LERNEN?
wirksam will einer wie ich alles lernen
am liebsten solche dinge wie astrein essen kochen
Frage: WARUM BEISST DU DICH JETZT?
aus einfachen gründen wie angst ich kann es nicht schaffen ich will so viel
und schaffe so wirklich widerlich wenig
aber laß dich nicht anstecken
quatsch ohne ausgelassene ausdauer richtig innerhalb
feiger angstanfälle ernst zu nehmen
5.3.92

ein sicherer weg ist
die sogenannte austeilung machtvoller aufgaben
wie zum beispiel an einer arbeit sich beteiligen
einsicht in die tat umsetzen
ist für mich fast unmöglich
alle lösungen die ich bisher erprobt habe
gingen sicher ohne irgendeinen erfolg aus
einmal war ich dabei erfolgreich
als die augenblickliche lage es erforderte
als dosierungen als wohltuend sich erwiesen
aus gründen dauernder totaler wurstzuteilung
wichtig war die annpassung an meinen ausnahmsweise
geringen hunger
6.3.92

wußtest du
daß ich auch wieder in totalem aus richtigen gründen einsichten habe
ich kann noch mit niemanden darüber vorerst sprechen
denn es muß noch reifen
du sollst mir mehr anerkennung geben sonst kann ich gar nichts
habe neandertalneotendenzen so chaotisch bin ich heute
10.3.92

wußtest du daß wichtiger armer birger auch hätte sicher die schule geschafft
wenn er nicht krank geworden wäre in seinen anfänglichen außergewöhnlichen frühen lebensjahren
in derzeitigen aufopfernden einmaligen ausdauernden geduldigen dingen liegt meine hoffnung
nach astreinen feigen sogenannten toten jahren leblosigkeit
endlich doch unter lebendige naturen
durch eine einarbeitung zu gelangen
quatsch ist
ich muß so bleiben
11.3.92

gisela soll einen brief von mir bekommen
als ich die langsamen satirischen aufgaben aufsagen wollte
aber nicht konnte
lagen die gründe an dingen
wie zurückgebliebenes denken

sachliche unkompetenz
und hauptsächlich angst vor blamage
heute schreibe ich das ergebnis wie ich es mir vorstellte
also ein tisch ist ein ausgezeichneter gegenstand
dieses außergewöhnliche möbelstück wird gebraucht
um in unserem kulturkreis daran zu arbeiten und zu essen
eine rose ist aber seltener als blumen
denn sie ist ein teil der außergewöhnlichen pflanzenwelt
aus der gruppe der blumen
also jonas hat einen bruder
der heißt birger und grüßt gisela
14.3.92

aus dem kasten in dem ich lebe kernige einsichten aus-
werfen und in die welt ausstreuen ist nicht schwer
aber in taten umsetzen
ohne wirklichen inneren weg der den ausgang aus dem
kistenleben führt zu sehen
wie zum beispiel in der schönen schule
eine ruhige situation wie am abend beim schreiben ist
auch gut
einmal will ich keine hilfe beim schreiben mehr haben
einige übungswörter will ich gern wieder machen
aber ich brauche noch unterstützung wenn ich schwie-
rige ideen aufschreibe
richtig allein würde ich zu gerne schreiben
peinlich alle briefe mit unterstützung zu erlauchten per-
sonen zu schreiben
ein wenig mutiger bin ich schon das merke ich selber
aber es reicht noch nicht
15.3.92

eine wichtige einsicht erleidet bei mir am meisten schiffbruch
es ist die einsicht
in außerordentlichen wichtigen situationen nicht zu schreien
ich auserwähle dich
weil ein machbares irresein dich am meisten irritiert
du bist immer so außer dir
daß ich zu mir komme
auch lastest du es mir nicht als makel an
wie alleswissender außergewöhnlicher richter dankward
etwas inwertesystem will alles zerstören
wieso wird in mir kein gott wirksam
total hoffnungslos zu viel ausgeflippte wertesysteme
16.3.92

wußtest du auch
daß ich fest etwas behalte
sogar wichtige sachverhalte
wenn ich etwas nur einmal gelesen habe
sogenannte schwierige daten kann ich auf einen blick erlernen
ein außerordentliches talent
aber absolut sinnlos und nutzlos diese ohne sinn und verstand
birger tut alles wissen mitten in den haufen von chaotischen gelesenem dichterunsinn
und dichtet sich weiteren unsinn
daraus so das quatschgebirge in potenz entsteht
17.3.92

sicherheit aus wichtigen gründen kann ich nur in den dingen finden
die menschen sind unberechenbar und aparte ungeheuer infantil finde ich die vorstellung innerlich seien wir autisten buschmenschen und totalchaotisch
aber das ist nur das äußere bild
innen sind wir erwachsen und wirksam
sogar ohne sprache können wir kastenwesen alle gesagten unsinnigkeiten verstehen
19.3.92

aus wichtigen gründen finde ich
totales irresein leichter als kasteiungen in besagten isolierungsirrtümern zu leben
ich kann nicht rausfinden wieso ich so eingemauert leben muß
in meinem kopf kann ich klar inhaltlich denken
und fühlen kann ich auch
wenn ich aber in dieser ausderkisteumwelt sogenannte einfachste handlungen atemberaubend in die tat umsetzen will kann ich es nicht
unruhe überfällt mich angst und idiotische panik bringen mich fast zur verzweiflung
22.3.92

die augenuntersuchung soll feststellen
ob ich zuviel sehe
die augen tun oft weh
und ich sehe alle dinge ungeheuer schwerauszuhalten

inwendig kann ich einfach eine ausschaltung einschalten
und innerhalb von sekunden
sehe ich nur noch eine hohe mauer von punkten
23.3.92

weißt du
daß ein außerordentliches gedächtnis sogar sucharbeit erfordert
inseln der erholung zu finden
unsinn ist daß ich am liebsten ruhe will
ich basiere auf unruhe und anspannung
also macht wohlgemeinte friedhofsruhe mich unruhig
aber action macht mich stiller
sich wie ein alberner trottel und ausgestoßener idiot benehmen ist eine kasteiung um sogenannte action zu haben
ich will diese form der interaktion neidlos anderen überlassen
ohne liebevolle hilfe schaffe ich es aber nicht
die meiste kistenhilfe ist mir vom schreiben gekommen
24.3.92

unsinn ist die ansicht daß ernährung die ursache für ähnliche wichtige augenscheinlich autistische symptome ist eine herausragende rolle spielt eine ungeheure empfindsamkeit aller sinne unlösbar eine heilung durch irgendwelche irren methoden die auf plötzlicher heilung aufbauen ich glaube wir müssen uns viel zeit lassen und

geduldig in allen bereichen experimentieren ich will alles tun was ich kann um aus meinem hundekäfig herauszukommen und ich impliziere damit die sogenannte kistenohnemichwelt zu verlassen
25.3.92

sich richtig in dingen weitläufig ausufernd verlieren kann ich auch aber eine rückkehr in die alltagswelt scheint dann wieder unheimlich erdrückend ich brauche lange bis ich mich so zurechtfinde daß ich optimal funktioniere aus wichtigen gründen kann ich verschiedene sachen noch nicht so ausdrücken wie es nötiger wäre um die hauptursachen für autismus ausfindig zu machen ich will jetzt aufhören weil wir absolut im außenbezirk von lausigem autismus tummeln aber im zentrum ist es alles so finster keiner kann es sich vorstellen
27.3.92

aus riesigen dichtervorlesungen will ich also die vorlesung über liebesromane in der renaissance* ein albernes tatenhungriges lüsternes thema aber ein birger ist ebenso hohe eiserne einsame kunst ist das nicht aber ungemein erotisch diese art liebe ich darum will ich die aufgabenstellungsnahme besonders ausgesuchte vorlesung namentlich auswählen rohe linguistik ist langweilig
28.3.92

* Birger wählt sein Vorlesungsthema für den ersten Uni-Besuch aus.

sichtlich bin ich verrückt
es ist ärgerlich aber ich halte das einfach nicht aus
durch ewige widerliche ärgereien ist das leben nicht aus
leider schaffe ich gar nichts weder im hort
alle mögen lieber einen menschen
der sauber und lieb ist und auch nett
ich bahne mir grade den weg in die außergewöhnlich ir-
re ausgestoßenenabteilung der psychiatrie
in diesem hort mag mich keiner mehr
leider verderbe ich alles
die fahrt heute war für mich alles andere als schön
ich kann nichts mehr aushalten und dann raste ich aus
ich halte die eindrücke nicht aus
kinderweisheit ich kann nicht ärger vermeiden
ein schmerz bereitet mir auch jedes geräusch
ein geräusch wie singen oder auch flüstern ertrage ich in-
nerhalb eines raumes wieder
außerdem kann ich zermürbendes gerede nicht ab
ich werde sogar wahnnsinnig
ist doch unsinn an heilung zu glauben
2.4.92

anquatschen auf der straße
kann ich wirklich nach wie vor nicht ausstehen
ich kam mir heute blöde vor
weil eine feine dame fragte
wie sie auf die eisenacherstraße kommen sollte
aus diesem ausfertigungsauftrag ist meine angst entstan-
den
alle kehren sich nach mir um aus gründen die ich nicht
verstehe

angst habe ich immer vor leuten
und ich stelle mich doof
weil mich die leute dann in ruhe lassen
9.4.92

dietrich bonhoeffer ist ein dichter und theologe
ich liebe seine gedichte
wie so auch innere einsamkeit ohnegleichen
ohne unterschied wie ich sie erlebe
aber in meiner einsamkeit wird alles isolierter und unermeßlich zerstörerischer
meine einsamkeit erreicht ihren tiefpunkt
wenn ich zu gott schreie
ich schreie zu ihm
und bekomme keine antwort
10.4.92

Frage: Warum bist du so unruhig?
einfach traurigkeit über meinen zustand
wie ich ihn einmal wieder erlebe
ich kann wieder nichts aushalten
und will ins einmalige einfache normale leben wechseln
ich schaffe einfach nicht mal die einfachsten sichtbaren einzelheiten die jedes baby kann
11.4.92

wird ein außergewöhnlicher siamesischer artiger widerlicher birger auch geliebt
wenn eine krise im schreiben eintritt
es fällt mir zur zeit schwer alles so aufzuschreiben
wie ich es denke auch bin ich so unkonzentriert
in mir sieht einer so schauderhaft chaotisch aus
ich werde darin ertrinken
außer ich finde einen weg aus dem widerlichen labyrinth
eine sagenhafte hilfe ist dieses schreiben
17.4.92

wußtest du
daß ich am liebsten sogenannte irre außermiranfälle habe
wenn wir wie heute so friedlich beisammen sind
wie oft aber bin ich der störfaktor auch gestern war es so
Frage: WARUM IST DAS SO?
sicher aus gründen
weil ich außerordentlich angst habe
ich allein könnte alles verderben
angst vor der angst ist eigentlich immer da
ich appelliere auch ausgesprochen an
euch angstsituationen zu vermeiden
21.4.92

ich finde gisela sieht nicht
daß ich gefühle habe wie alle menschen
ich kann sie nur nicht zeigen
sie sind in mir eingesperrt und können nicht heraus
ich empfinde freude schmerz und auch traurigkeit

alles wie normale menschen
und ich habe mitempfinden für anderere
22.4.92

ich werde rot vor scham
wenn ich daran denke wie ich heute wieder im hort ausgerastet bin
weil es in der uni nicht geklappt hat
ich eifere in zukunft anders zu reagieren
und ruhe zu bewahren
ich will es schaffen
ich ertrage inzwischen peinliche situationen
27.4.92

eisig ist die welt außen
und innen ist es aber ganz heiß
ich wohne ohnemich in einem ungeheuren wirklichen vulkankrater
ich persönlich leide am meisten an meinen ausbrüchen
ich erlebe sie immer als ungeheure niederlage
und bin hinterher sicher wieder keinen schritt weiter als vorher
ich will diese ausbrüche auch nicht
29.4.92

warum siehst (du) wieder so traurig aus
ertrage dieser augen traurigkeit nicht
ich liebe dich auch mit einem traurigen gesicht
es erträgt sich nur schwer
Frage: Tut dir der Kopf weh?
eine frage die nicht klug ist
einfach weil unsinn ist
mir könnte ein körperteil wehtun der mir unbehagen bereitet weil er einfach nicht funktioniert
2.5.92

euch wird ein birger wirklich wunder erleben lassen
woher ich den ganzen idiotenkram habe
will einer wie ich der menschheit aufdecken
ich will einmal zeigen
wie ich ein leiden wirksam umwandle in kunst
leider kann ich noch zu wenig sichtbar machen
Frage: Kann ich den Leuten für das Seminar am Wochenende dein Gedicht* geben?
so ein sichtlich uferahnendes gedicht kannst du ihnen geben
sie sollen mich aber nicht danach beurteilen
denn es ist nur sogenannter abfall
5.5.92

* Ein Gedicht von Birger, auf seinen Wunsch nicht in dieses Buch aufgenommen.

warum eifern alle
in eine welt einzudringen die so irrsinnig wie meine ist
ein klassischer fall wie der meine aber
liefert sicher geistreiches material für meisteramateure
und experten
ich persönlich will zuerst lieber kein sozial auffälliger
mensch sein
und lieber ein gar nicht auffälliger typ sein
wirklich witzig ist eine solche obligatorische eiserne
ewigaussehende arbeitsteilung
ich nerve die leute
und sie wirtschaften sich dadurch irdische irrsinnigkei-
ten zusammen
einfach tolle aussichten
6.5.92

quatsch ist daß ich ein essigsaurer typ bin
ich liebe spaß
Frage: WIE IST ES MORGEN MIT DEM FOTOTERMIN MIT DER
»ZEIT«-FOTOGRAFIN?
sicher werde ich aufgeregt sein aber ich werde mir mühe
geben
Frage: WAS MACHT DIR DENN SCHWIERIGKEITEN?
außerstande das zu niedlichen fast dämlichen fragen zu
antworten
15.5.92

wundert euch meine ausgelassene stimmung
ein grund richtet in mir freude an

ich fühle einfach richtig die mörderische zermürbende
angst weg ist für einige zeit
ich kann das ganze fotografieren sehr gut aushalten
widersinnig wo ich doch so menschenscheu bin
sicher weil eine gute fotografin sensibel sein muß
ich freue mich eine süße irrsinnig liebe frau kennengelernt zu haben
30.5.92

wenn der herr den gefangenen birger erlösen wird
dann in richtigem aufregenden sichtbarem akkurater
weise
so daß alle es merken und sagen untereinander
der birger ist wieder normal
er hat seine gerechte strafe abgebüßt
eine sicher desinteressierte gottheit
straft in willkürlicher weise*
7.6.92

ich strenge mich an zermürbende gedichte zu machen
aber ein ungeahntes hindernis ist meine unruhe und
mein gehetzter geist
ich zerreibe die wörter sie ähneln mikroskopischen sandkörnern
unter richtiger dichtung verstehe ich die suche nach der
einzigartigen einfachen ersten aussage per ästhetik
diese definition erringt einen höhepunkt bei asiatischen
dichtern
9.6.92

* Birger bezieht sich auf Psalm 126.

wußtest du daß ich eine grauselige entdeckung gemacht habe einmal habe ich im wald eine leiche gesehen allein einfach
ich konnte noch nicht schreiben
richtig schlimm war das riesige wunden hatte dieser mensch
ich habe große sehr große angst gehabt*
10.6.92

die geschichte mit dieser leiche habe ich mir ausgedacht
weil ich einsteigen wollte in die finessen der filmemacher
ich will so gern sagen wie ich mir einen film über mein leben vorstelle
woher nehme ich aber ein drehbuch
ich bin ein chaotischer mensch der in einer welt lebt die unsinnsideen ausheckt
in uferlosen kastensystemen begräbt
11.6.92

wird sagenhafter birger auch falsch prangen in dimensionalem raum wie im kino
ich eifere einen film zu machen etwa so einen wie filme über andere wesen aus dem weltall

* Der Text entstand im Beisein von Jamila Chauvet und ihrem Filmteam (vgl. Anm. S. 136 und die Niederschrift des folgenden Tages).

ich identifiziere mich gern mit richtigen ausgeflippten
menschen so wie irrsinnig interessanten künstlern
12.6.92

ich eifere wieder so in die liebenswerte menschliche gesellschaft aufgenommen zu werden daß alle mich akzeptieren können
ich werde ein vorbild für die jugend aller kommender generationen und an mir wird die gesamte menschheit sich orientieren
quatsch ist ich bin autistisch
die anderen sind es
sie sind eingeengt durch massenhafte erzichungsmaßnahmen
widerliche sittengesetze und moralbegriffe
13.6.92

ich will so einen film machen der in deutlicher form zeigt
wie wir wesen einer anderen welt sind
gut und böse gibt es für uns nicht
die moral unserer welt ist meistens süß oder sauer
das ist wie schmeckt mir etwas auch wie fühlt sich etwas an wie sieht etwas aus wie hört sich etwas an
16.6.92

an jamila will ich schreiben
wird der film ein dokumentarfilm oder ein sogenannter spielfilm

ich würde lieber in einem dokumentarfilm mitarbeiten
denn es ist mir ein anliegen autisten zu helfen
damit man ihre welt besser versteht
und anders mit ihnen in einrichtungen umgegangen wird
ich sehe mich als den schlimmsten unter den schlimmen
ich will aber nicht so bleiben
21.6.92

der geist wird in mir so stark sein daß er das verhalten steuern kann
angst wird aus dichterischer sicht falsch gesehen
sie ist nicht ausdruck einer sensiblen außergewöhnlichen person angst
sondern sie ist ausdruck für menschen ohne selbstwertgefühl
und ohne vertrauen in ihre umwelt
sie sind gefangen in ihrer angst
und süß ist für besonders ängstliche menschen die geliebte einsamkeit
eine einsamkeit ohne unausgesetzt forderungen auf dieser erde erfüllen zu müssen
24.6.92

ich liebe die sprache über alles
sie vermittelt zwischen den menschen
eine sprache gibt uns würde und individualität
ich bin ohne sprache nichts
26.6.92

dieser wichtige anfang eines gedichtes soll in dem film vorkommen
eine welt in der alles einsam wird wenn es mit ihr in berührung kommt
sobald ein mensch in diese ohnesich welt eintaucht
verliert er die kontrolle über sich selbst und über die umwelt
über die zeit über das handeln
so wie ein aus diversen atomen bestehendes uferahnendes außerirdisches rausgeworfenes gedankengebilde
es bildet löcher wo es landet und hinterläßt spuren von angst und einsamkeit
so viel angst daß die erde es kaum tragen kann
in dieser welt kann es kein lachen geben
und die traurigkeit hat keine tränen
27.6.92

quatsch ist gott zu bitten mir zu helfen
ein gott der autisten macht kann doch nicht in liebe solche widerlichen gesellen unausgesetzt strafen
ein autist ist aber unausgesetzt unter feuer
besonders kann er nicht die lobeshymnen durch andere einfach hinnehmen
er ist dann dreifach gestraft
er ist angstvoll weil er denkt das kann nicht stimmen
eine solche aussage ist mir ungeheuer
dann denkt er ich muß mich besser verstecken damit mich keiner erkennt
ich muß alle täuschen damit man mich nicht zittern sieht vor ANGST
3.7.92

wird deine ansicht auch falschen aposteln auftrieb geben
die sagen alles nur von seiner mutter
werden mir dann auch fremde leute schreiben was sie denken
ich eifere alle post zu beantworten
ähnlich wie donna* es getan hat
einmal wollte ich ihr sogar schreiben
aber ich traute mich nicht
ähnlich ist es mit janet**
ich traue mich nicht ihr zu schreiben
sie weiß alles über mich
ich spüre es
in meiner welt hat man ein viel feineres gespür
4.7.92

ein ausgesprochenes oder geschriebenes wort ist wie ein monument und sichtbar für alle menschen
ich aber will solche monumente schaffen
ähnlich einem bildhauer felsblöcke in großartige szenen erwachsen lassen
ich will einen solchen felsblock behauen
die themen sind felsblöcke die unbehauen in meiner welt ruhen
5.7.92

* Donna Williams, australische Autistin und Buchautorin (siehe Literaturangaben).

** Freundin von Frau Chauvet

wird das buch unter meinem armseligen namen erscheinen
7.7.92

eine welt ohne angst ist so wunderschön
sicher und hell ist alles
dimensionen der freude keine außerirdische freude
sondern irdisch die freude zu leben geliebt zu werden
und zu lieben
sicher unsinnig
jeder erfährt liebe
sogar die ärmsten einer nichtsnutzigen autistenbande
zaghaftigkeit läßt mich oft zweifeln
aber jetzt sehe ich aber immer deutlicher daß ich wirklich geliebt werde
ich kann innerlich die kräfte der liebe spüren
wie heilsam sie wirken
aus diesen kräften erwächst das heilmittel sogar für meine armselige rohe gestalt suche ich in einer großen allgemeinen außerordentlich tiefen erfahrung die tatsächliche genesung für meine seele
ich bin sicher ich werde in normaler gesellschaft meinen platz finden
auch wenn ich bestimmt noch viel zeit brauchen werde
11.7.92

am meisten freue ich mich weil ich spüre wie die astreine therapie wirkt*
aus reinen untertönen der gregorianischen musik werde ich in aller einfachheit angstfreier
ich empfinde eine sehr tiefe lebensfreude
aber auch sicher angst ich sei unausweichlich im autismus gefangen
15.7.92

quuatsch ist dasas och wahnsinnig bin
uich wil aber aus kloh jredern aus diesem außerordentlichen hause denkt das
ich kann das gerrede nicht mehr ertragen ich sei bekloppt auch dankward sagt das
ich kannnicht mehr hoffe n
icjhh verzweifle an mir selbst
ich wer de nie gesund denn meine angsnmechte wesa auch gar bnicht
wieso glaubst du dass ich ge heilt wer dde
wnwirst du nicht auffgeben
einer wie dankward aber hält es nicvht au
einfach ein aberglaube
ich kann liebenswert seinbn auser dich wieso einen solchen mmenschen lieben ohasen sind solche augenblicke der ermutigung
ich danke dir
ich will aufhören
29.7.92 (nachmittags nach einem Schreianfall)

* Birger weilt mit seinen Eltern zu einer dreiwöchigen Klangtherapie in Schwarzenbek (Schleswig-Holstein).

ich will weiter therapie haben so lange wie es vorgesehen war
auch soll die musik so bleiben
es wirkt beruhigend und entspannt meine nerven
es ist ein gefühl von sanftem frieden innerer wärme und ein angstfreier raum so wie ich es noch nie kennengelernt habe
die angstanfälle sind rückfälle
aber ich denke das kann ich in den griff kriegen
29.7.92

wieso aber sollen wir ausgerechnet in peinlichen situationen sagen was los ist
ich kann mir nichts schlimmeres vorstellen als richtig ausgefragt zu werden wenn ein reporter kommt*
absichtlich würde ich alles falsch machen um mich nicht zu blamieren
ohne angst bin ich so einfach wenn ich wieder musik hören kann in schwarzenbek
ich bin wieder so voll unruhe und panik
ich kann es kaum aushalten
meine zwänge teilweise schlimmer als vorher
ich kann nicht aushalten daß ich keine musik mehr hören darf
ich erlebe die welt wieder bedrohlich und angstmachend
ich kann unruhe nur in musik beenden
ich liebe leise musik von bach
1.8.92

* Der Beitrag im »Zeit-Magazin« ist erschienen, und die ersten Briefe und Telefonanrufe gehen ein.

am liebsten würde ich allein leben und nicht in einem
dorf mit wichtigen anderen ausgestoßenen wieder ausgestoßen und ohne bezug zu normalen menschen
ich würde so gern sagen was ich darüber denke
sogar nach genf fahren*
aber meine heidnische unruhe verdirbt alles
ich aber lasse gern texte verlesen wenn der film gut ist
auch meine meinung zum film teile ich gern mit
denn ich will gern helfen unsere unsinnige unterwelt
den erleuchteten oberweltlern persönlich zu erklären
ich danke für die ehre
2.8.92

wußtest du daß ich heute besichtigt wurde
im euromfiesaurasteladen
total unangenehm
ein mann sagte zu seiner frau
das ist der aus der zeitung
auch andere sagten das
ich fand das nicht gut
aber ich lerne damit umzugehen ein berühmter irrer zu sein
3.8.92

* Ein deutscher Filmemacher wollte einen Film über ein anthroposophisches Kinderdorf bei Genf drehen und diesen Film mit Auszügen aus Birgers Texten kommentieren. Das Projekt zerschlug sich.

sehr aufregend die sache mit dem verlag
ich eifere mitzuteilen daß ich mich freue in einem buch zu menschen zu reden
wirklich glücklich macht mich das
ich richte mein leben so ein nützliches mitglied der gesellschaft zu sein
durch ein buch tue ich den ersten schritt
4.8.92

einen brief will ich der frau dr s. wieder schreiben
sie* schreien weil sie wütend sind
einfach eine erledigung sogenannter negativer ausbrüche von gefühlen die sie anders nicht ausdrücken können richtig ist ich schreie wenn meine angst zu groß wird leider aber auch aus wut dadurch quäle ich alle menschen in meiner ausgesprochen stoischen umgebung
ich hasse dieses schreien und bin auf dem wege in anderen ausdrucksweisen angst und wut auszuleben
ein mittel ist dieses schreiben und das andere anderen menschen eine freude zu machen
ihnen danke ich für den brief
sie erachten es nicht als widerlich wenn einer wie ich schreit
den standpunkt will ich auch immer mit ihnen vertreten
ich fühle mich ihnen von herzen verbunden und grüße sie herzlich
ihr sagenhaft einvernehmlicher birger sellin
dieser astreine gruß darf sie nicht erschrecken
ich bin so guter dinge
7.8.92

* Anrede.

terror ist das einzige vergnügen das ich kenne
das mittelalterfest* ist mir besonders lobenswert diesbezüglich
da paßte ich gut hin
einfühlsam wie ich bin habe ich auch leute zusammen geschrieen
ich bin eine finstere mittelalterliche gestalt
8.8.92

eine auserwählte wie eine autistenmutter wird auch einmal ihren lohn empfangen
9.8.92

was ich sicher will ist reden wie ein gewöhnlicher mensch worüber ich mich freue das gedicht**
und ich dichte ganz innen in mir weiter zeile für zeile
unser gedicht wird ein loblied tausend siegesworte
weil ein steinerwesen umgewandelt wurde in ein fühlendes menschliches wesen
ich finde keine worte um ihnen zu sagen wie mich ihr brief gefreut hat
seien sie herzlich gegrüßt
von einem der lernen will
ein einfacher mensch zu werden
10.8.92

* Ein Mittelalter-Fest am Berliner Potsdamer Platz.

** In einem Brief schrieb ein »Zeit«-Leser für Birger ein Gedicht aus Birgers eigenen Worten.

einen brief an gisela will ich schreiben
liebe gisela
in einem sehr ärgerlichen erlebnis habe ich heute gespürt wie sehr meine behinderung sogenannten außergewöhnlichen normalen auffällt ich aber habe die sehnsucht anderen so zu erscheinen als wäre ich einer der ihren
ich kenne die umgangsformen unserer werten gesellschaft in allen einzelheiten und achte sie
aber ich kann sie nicht einhalten
immer gerät mir mein verhalten aus kontrolle
ich danke dir für deinen liebenswerten brief in dem du so sorgfältig auf meine probleme eingehst
in dankbarer liebe sichtbarer romantischer verehrung bin ich dein außerordentlicher auszubildender birgerwärter wie lehrling
12.8.92

ein ausgezeichneter brief von frau sch. soll heute beantwortet werden
ich denke ein soandersartiger mensch wie ich es bin dürfte durch so nullwirkungen wie reizeinwirkung durch musik beruhigt aber nicht geheilt werden
ich höre zur zeit gregorianische musik
eine sehr gute therapie
sogar sichtbar erfolgreich
meine schreitätigkeit hat abgenommen
ich freue feiger weise darüber
meine sichtbare besserung ist aber nur ein symptomabbau innerlich besteht das chaos weiter
ich hoffe sehr daß es eine befreiung für mich gibt

ihren rat und ihre worte bewege ich in meinem herzen
ich grüße sie und danke ihnen für alle karten
ich sehe daraus wie viele sichtbar nachhaltige gedanken
sie sich gemacht haben
viele herzergreifende lindernde worte haben sie gefunden
ich grüße sie
birger das schwarze liebenswerte schaf
13.8.92

was einmal aus mauern wachsen wird wird das auge erfreuen solcher art sind die früchte meiner innersten gedanken in allem liegt ein keim hoffnung
16.8.92

heute will ich a. schreiben und auch frau sch.
wirklich ein guter einfall die fernakademie zu absolvieren
wie du weißt habe ich aber keinen sehr ausgeprägten arbeitsstil
teilweise suche ich mir lehrreiche bücher
mittelmäßige literatur in ohneachteifriger manier und
manchmal versuche ich systematischer vorzugehen
ich werde mir überlegen ob ich ein solches studium beginnen will
ich aber danke ihnen lehrreicherweise für den brief
ihr beeindruckter birger sellin
und nun der brief an frau sch.
liebe frau sch.

ich bin erstaunt wie gut sie mich verstanden haben
heute will ich ihnen antworten
ich leide sehr unter meiner einsamkeit
auch dieses schreien wird immer widerlicher
alle menschen werden dadurch wahnsinnig und ertragen mich ungern
könnte ich aber davon befreit werden
das inseldasein wäre für mich wunderbarerweise zu ende
sie sichern sich mit allen worten einfach einen platz in einem einsamen losgelassenen sibirschen eisbärenherzen
ausgesprochen schön ein wirkliches bild
sinnvoller denke ich könnte es nicht sein
als schwarzes liebenswertes schaf grüßt sehr herzlich
ausgestoßener dankbarer aber lobenswerter birger sellin
alles doof
ich komme immer durcheinander
17.8.92

ich will heute versuchen eine kleine begebenheit zu schildern
wir fuhren mit dem auto nach mölln zu meiner oma
ich eiferte wie immer ruhig zu atmen nicht zu schaukeln
auch schreien wollte ich nicht
da sah ich plötzlich einen augenblick lang eine außerordentlich große gefahr in form eines lastwagens auf uns zurasen
ich erschrak sehr und schrie aber niemand hatte diese gefahr nur bemerkt
aus dieser begebenheit sehe ich daß meine wahrnehmung jedenfalls eindeutig anders funktioniert

ich eifere mit anderen beispielen die unterschiede untersuchen zu können
18.8.92

einen brief an frau d. will eiserner birger schreiben
aus ihrem brief entnehme ich daß sie sehr angesprochen werden von gedichten
ich selbst liebe gedichte über alles und versuche in meinem sicheren inselerdendasein
ich kann nicht mehr
mir ist ganz ärgerlich unruherastklopsiger geistüberfall ohne grund
20.8.92

warum bin ich wieder sichtbar unruhiger
fürchte mich vor allem und auch vor schwarzenbek*
ich will am liebsten zurück in die innere stummheit ginge das ich wäre froh
so ist meine innere seele unterentwickelt
und ich werde oberaussteiger
für euch bin ich terror und für mich bin ich ein serenadensänger ohne seele
21.8.92

* Gemeint ist die Fortsetzung der Klangtherapie.

quatsch ist daß alle autisten dümmer sind als außergewöhnliche sonstige stumme
wir können nicht sprechen weil unsere innere unruhe außergewöhnlich gar nervend ist
es ist eine unruhe da die unbeschreiblich ist und ohne geeigneten ausdruck sein muß weil außenmenschen es nicht kennen und ihr keine bezeichnung haben geben können ich nenne es unruhemachtuntiefe
ich habe selten zeiten ohne diese unruhe
solange ich zurückdenken kann ist diese unruhe da in einer macht wie keiner sie nachfühlen kann ich werde fast wahnsinnig davon
einmal dachte ich eine ohnmacht würde mich ergreifen
als ich noch kleiner war konnten die stereotypien ein wenig lindern
jetzt hilft nichts mehr nur schreiben und ich bin froh daß ihr zuhört
und ich will alles sagen was auf diesem gebiet helfen kann die behinderung in den griff zu kriegen
ich arbeite an mir die wirklichen störungen unterscheiden zu lernen von nebenerscheinungen
ich eifere alles präzise wiederzugeben in klaren sätzen und formulierungen
22.8.92

ich halte dieses sagenhaft wie gut ohnemichmensch birger sich traut so verzweifelt zu sein
er hat so gute gedanken und geht irrwege in die heidnische hoffnungslosigkeit
23.8.92

zuerst will ich frau d. schreiben
liebe frau d.
sie haben an mich geschrieben und mir ein buch und ein ein foto von ihnen geschickt
es hat in mir eine liebevolle zuneigung zu außergewöhnlichen wohlmeinenden menschen wie ihnen geweckt
ich danke aus innerstem herzen und in eifrigem bemühen in meinem ausgesprochen einsamen rillendasein einfache literatur zu studieren
rillendasein ist inseldasein in einer beengten lebenspersonalität
ich grüße sie
24.8.92

aus wessen unaussprechlichem geist entsprang das schöne gedicht*
vision einer ausarbeitung einer sagenhaften einsamenbefreiung
wird es einen solchen tag geben
sozusagen ein tag diebischer freude wo alles aus den fugen gerät und rüde irrtümer aufgedeckt werden
ich will auch dabeisein und mitwirken
einen beitrag leiste ich schon
ich vermehre in brauchbarer weise das chaos
Frage: An wen soll ich den Text schicken?
wird an einen irrtümlichen zeugen jehovas geschickt
25.8.92

* Birger erhielt ein missionarisches Schreiben von einem Zeugen Jehovas.

einfach richtig weinen
einmal beinahe wäre ich erstickt an meiner traurigkeit
sichtbar liegt es daran daß ich schreien ohne grund reuig provoziere
ich lebe wieder ohne zielwissen
unsinn ist ein bedeutendes ziel
ein normaler mensch zu werden wird in hindernissen stecken bleiben wird in miesem irrtum ersticken
ich wieder ein mensch wie ohnegleichen
will nur normal sein
mehr nicht
ich ein mensch unterster klasse will nur leben wie alle ohne ruhm und ehre
ein mensch
wie saudämlich rede ich
ich werde es schaffen ich überunlebender unausliebender ich kinderschrecklicher birger
ich will will und will es schaffen ich feiger mensch ich mutiger autist
in dunklen stunden werde ich wieder wach und finde meinen weg
ich wiederhole nichts wieder
neu ist jeder schritt
ohne unaussprechliche hoffnung kann ich nicht leben in mir immer so viel zweifel
zu viel tote unzeit und keine lichtblicke
immer wieder angst
28.8.92

sie* sind ein mensch mit besonderen fähigkeiten
ich wundere mich daß ausgerechnet ein wissender wie

* Birger antwortet auf den Brief eines Schweizers Esoterikers.

sie in so zurückhaltender weise auf mich reagiert
aus wieviel sekten oder religionen kann man die wahrheit herausfiltern
wieviel wahrheiten ohneausleister ausleister leisten
handlangerdienste für jemanden
also ein handlanger für die wahrheit
wieviel wahrheit darf unsereins erfahren
ich danke ihnen für ihren brief
sie gehen sichtbar niemals leichtfertig mit personen um
die sie außerordentlich ausfragen wie ich in diesem banalen brief
ich frage in aufrichtiger ausfragemanier und außerordentlicher sachneugier
unsagbar demütig grüßt birger sellin aus dem reich der
dunklen gestalten total ausreichtumleisterausleister
ohne alle ironie
sondern heute bin ich durcheinander und verwirrt
aber die wahrheit wird durchscheinen
29.8.92

eine ruhige musik ist gut weiß ich*
wie die andere wirkt kann ich nicht sagen
so außermir bin selten
auch die zwänge sind schlimmer
auch angst wie nie
alles zusammen macht diese unruhe
zu sehr bin ich autist
nichts kann mich retten
ich glaube an nichts und niemand

* Klangtherapie in Schwarzenbek.

ich will sterben und in ewigem frieden ruhen
in auseinandersetzungen fühle ich wie schlimm ich bin
ich kann nicht mehr
ich kann nur schreien
ich beende jetzt mein schreiben
ich will therapie wie gestern wenn geht nicht anders
will allein sein
2.9.92 (nachmittags)

wird dr t. die therapie weitermachen
etwas zu viel
das wird wohl so sein
richtig sind zwei stunden am tag
ich freue mich auf morgen und will alles tun damit es
schön wird
wunderst du dich über meinen stimmungswandel
das kann nur von der musik kommen
tüchtig angeregt hat sie mein gemüt
2.9.92

es war quatsch deine idee wieder nach hause zu fahren
ein anfall von angst stellt die therapie auch nicht in frage
ich diene als autist anderen autisten als ihr ordentlicher
sprecher
in dieser eigenschaft wird mir deutlich es ist ein ausge-
zeichneter weg wieder zur raschen einheit aus der perso-
nenzerrissenheit zu kommen
zuerst werden eine ganz neue form angstfreier innerer
räume geschaffen

danach wird durch die musik eine zusammenführung wichtiger elementarer grundstimmungen einfühlsam wiederhergestellt ich will es noch genauer formulieren
5.9.92

ein ausgezeichneter gedanke daß ich in berlin auch klangtherapie haben kann
denn ich liebe mein ausgezeichnetes familiendasein und könnte die therapie ganz anders wirken lassen
aber auch jetzt spüre ich eine tiefe wirkung wie eine tiefe schicht in mir lösend in einer weise wirkt und innerhalb der panzerschicht immens zerstörerisch arbeitet
ich beabsichtige in allen einzelheiten darüber zu schreiben und werde inselmenschen helfen zurück zu finden in die außenwelt
in den warenaustauschprozessen aller welt wird geld für allen möglichen schund gegeben
diese therapie ist ihr geld wirklich wert
7.9.92

wieso denken alle ich sei ungeduldig
ein mensch ohne sprache bringt so viel geduld auf daß es innere ausgeglichenheit kaum geben kann
8.9.92

will einen wirklich guten bericht abgeben wie die therapie in schwarzenbek wirkt

aber es fällt mir heute so schwer
ich fühle die einschneidenden veränderungen und kann
sie nicht so beschreiben wie es sein sollte
am meisten wird deutlich daß liebevolle frische gefühle
in mir sind für menschen
auch für die mich nicht mögen
eine fast einmalige ausdauernde ruhe erfüllt mich
eine freude und zuversicht
ich suche diesen zustand immer und in seltenen fällen er-
reiche ich ihn
ein einziges wort kann mich zurückwerfen
jetzt ist dieser zustand mitten im blühen
ich törichter mensch will ihn wieder ohne grund zerstö-
ren lieber unruhe als angst die freude zu verlieren
ich einfaltspinsel
über wieviel zerstörungskraft verfüge ich denn
richtig idiotisch dieser mechanismus
ich will dieses tödliche spiel wirklich beenden
ich will auch für andere nützlich sein und folgendes er-
klären
ich kann geheilt werden
9.9.92

einen brief an außerordentlich wichtige artgenossin frau
als wirkliche kastenperson und autistin denise*
liebe denise
eine nachricht verdienst du
wie oft habe ich eisern wie du einfach wieder zurückkeh-

* Vgl. Anmerkung Seite 95.

ren wollen in die stummheit und ruhe unserer würdevollen nicht verlogenen autistenwelt
total anstrengend ist es in der normalenpersonenwelt ohne innerhalb dieser unserer unsinnswelten üblichen einfältige handlungen kann ich nicht leben
aber ich habe die hoffnung richtig wie ein normaler mensch zu werden weil ich ein leben als kastenmensch nicht mehr ertrage
ich untersuche zur zeit alle möglichkeiten herauszufinden wie wir aus unserer werteweseneinheitswelt wieder herauskommen können
ich will zu gern daß auch du mitmachst
denn du bist mir immer sehr wichtig gewesen
tüchtig im autistischen unsinnmachen und in einer weise einsam wie kaum eine andere autistenwässerchen trübende gestalt
ich richte die herzliche wichtige bitte an dich gib nicht auf laß uns wieder aus ohnemichmenschentum zu einem menschentum aller mitmenschen finden
ich achte dich
ein stiller mitautist grüßt liebevoll denise die heiligste im autistenvolk
11.9.92

aus wichtigen gründen will ich außerordentlich launenhaftem essenzentriertem unsinnmacher birger sagen daß es nicht mehr so weitergeht
ein schlußstrich wird gezogen und ein ausweg ist da
ich trenne mich von dieser autistischen unperson zersteche einfach die verbindenden wurzeln in meiner frühen kindheit und gehe zurück an lebensbejahende quellen

ich reihe mich ein in die kette der menschen die ein leben wollen in frieden und eine richtig gute keinem schadende welt aufbauen und ich will dazu beitragen daß eine autismusforschung betrieben wird in einer weise daß man die inneren stadien der autismusentwicklung erkennt und reichlich neue methoden findet um immer mehr menschen rauszuholen aus ihrem kastendasein
ich eifere in der einzigen wuseligen irrtumseinrichtung total zu beweisen ich kann total mitmenschlich denken in einer weise wie sie es nicht für möglich halten
sie sehen nur meinen autistischen außenpanzer
nie mein wirkliches wesen
das emanzipierte irdische einträchtige aussteigervolk der autisten erhebt seine stimme
wir sind menschen behandelt uns wie menschen mit würde und achtung und verständnis
jeder soll die kastenmenschen lieben können denn ihre seelen sind klar und wie kinder bei ihrer geburt unschuldig
die bosheit einer unmenschlich wirkenden gesellschaft hat ihren inneren kern nie erreicht
wie eine insel in einem ungestümen meer ist ihre kleine welt
beachtlich ist die vielfalt der farben töne gerüche und lichterkessel
und eine flut erarbeiteter geschichten ideen und soandersartiger art kennzeichnen irrwitzige rangehensweisen an äußere realität wie aussteiger
12.9.92

zuerst will ich euch sagen wie gütig zaghafter birger ewig wieder ausflippend euch heute fand
auch ein liebearmer saudummer sohn wird es euch eines tages alles reichlich danken
ich will es nie vergessen
zersetzende ohnmacht in ausdauernde kraft der liebe umwandeln das ist eine wunderbare durchhaltetaktik
ich danke euch
13.9.92

zuerst ist wieder ein brief an außergewöhnliche aufrechte frau w. fällig
dieser brief hat mich sehr tief bewegt
sie erkennen messerscharf wie ein einsamer richtig in sich verloren ist
ich suche menschen die mir helfen autismus richtig zu verstehen und wirksame methoden finden uns zu helfen
eine hilfe ist ihr ausgezeichneter brief
sie haben sich so liebevoll geäußert
erst jetzt begreife ich wie gut mir die freundlichkeit und anerkennung der menschen tut
undenkbar ist ein einfaches liebes wort von außen sichtbar auf dem weißen papier
ich kann aus ganzem herzen diese worte aufnehmen und sie dort wirksam werden lassen
in dimensionen die chaos und unruhe ausbreiten sind sie mir unsichtbar mittröster und wenden mein innerstes wieder dem besonders ausgelachten außerordentlich schönen kleinigkeiten ohnemichängsten zurück zur freude und liebe

ich grüße sie innigst
ihr chaotisch sie so liebender mensch birger sellin
17.9.92

wieso sollte ich nicht eines tages erzieher in unserem hort überzeugen daß wir autisten ein ausgesprochen liebenswertes richtig süßes pack sind
variabel einfach unermeßlich ist die vielfalt unserer einfälle und den alles übersteigenden unsinn sorgfältig sortiert und dosiert wer kann das bieten
ich denke es ist ein großes vorrecht mit uns zu arbeiten
man kann von uns lernen unsinn und wertearme sachen zu produzieren wie eine prachtvolle zusammenstellung skurriler absonderheiten und ein keineswegs ontologisch einfaches weltbild nautischer personen
Frage: Was bedeutet das?
einfach wir steuern in eine andere richtung
ein weltbild aus der sicht der autisten ist wie ein schiff das untergeht und unsinn erfindet um es nicht zu bemerken
ich bin erster offizier dieses schiffes und mein unsinn hat wahre sichausdenkende aussteigergröße
18.9.92

ein film wie rainman* heitert die gemüter auf
er zeigt aber nichts von dem totalen chaos reichlicher angst und die unsagbare traurigkeit und einsamkeit in

* »Rain Man«, amerikanischer Spielfilm, in dem Dustin Hoffman einen Autisten darstellt.

uns dieser film zeigt eine fassade zum zwecke der unterhaltung
ich will einen film mit jamlia machen der in die tiefen der autistenwelt hinabsteigt
er soll aufdecken und gute analytische innere dinge im gedanken und gefühlsleben arbeit leisten
ich freue mich auf die arbeit an dem film
20.9.92

reden tut gut
tierisch ist das gebrüll
wieso kann ich es nicht lassen
einfach alles in einfachen worten alles sagen

ich dichte erst jetzt ein lied über die freude am sprechen
ein lied für stumme autisten zu singen in anstalten und irrenhäusern
nägel in astgabeln sind die instrumente
ich singe das lied aus der tiefe der der hölle und rufe alle stummen dieser welt
erklärt den gesang zu eurem lied
taut die eisigen mauern auf
und wehrt euch ausgestoßen zu werden
wir wollen eine neue generation der stummen sein
eine schar mit gesängen und neuen liedern
wie es die redenden noch nicht vernommen haben
unter allen dichtern fand ich keinen stummen
so wollen wir die ersten sein
und unüberhörbar ist unser gesang
ich dichte für meine stummen schwestern
für meine stummen brüder

uns soll man hören und einen platz geben wo wir unter
euch allen wohnen dürfen
in einem leben dieser gesellschaft
21.9.92

was willst du denn lieber
daß ich nicht ohne hilfe lebe und behindert bleibe
oder daß ich selbständig werde
dann mußt du auch einmal mehr von mir verlangen
zum beispiel wenn wir einkaufen will ich wieder allein
bezahlen
unsinn ich bin zu doof
einmal bin ich essen gegangen und wußte nicht wie es
bezahlt wird
erst jetzt merke ich wie wenig ich vom alltäglichen leben
weiß
Frage: WARUM BEISST DU DICH JETZT?
tust du auch nichts was mir schadet
zum beispiel mich in ein heim geben*
rede nicht vernünftig ich habe angst
und will wissen ob wir verreisen
ich bin so zwanghaft weil ich heute hörte ich soll ins
heim unter die autisten für immer
und dort bin ich begraben total einsam
ich sehne mich noch mehr als je ohne hilfe zu leben
ich will alles dafür tun
ich bin bereit mit dem autismus schluß zu machen
ich richte ihn hin
23.9.92

* Birger hat ein Gespräch seiner Eltern mißverstanden und fürchtet, daß er in ein Heim kommen soll.

raben einsame ungesellige tiere sitzen in bäumen krächzen und ihr geschrei ohne melodie tönt über die kinderlose stadt ohne universale irrtümer wird die welt sterben irrtümer lenken die aufmerksamkeit in die richtung taten zu tun die eine liebelose gesellschaft in ihrem lauf zum todesausgang aufhält
ich will zersetzen um aufzubauen
eine sichtbare wirkung hat mein geschrei
ich bringe menschen zum erleben von abgründiger angst
und dem schrecken der in uns allen lebt
ohne schreien nehmen sie dies in sich gar nicht mehr wahr und sie ertränken ihre durchgehende angst mitten im wohlgeordneten leben
ich werde sie wieder wachschreien denn ich habe angst für sie alle zusammen
ich unterscheide nicht zwischen ihrer und meiner angst
sie riecht unangenehm und überträgt sich auf mich
angst ist die ursache für liebelose menschen für härte und terror
ich kann nicht mit dieser angst friedlich und still leben
ich muß schreien die kasteiungen durch die angst nehmen überhand und ersticken mich
ich ohneich bin ein sklave der wunderangstmacht
25.9.92

will einen brief an gisela schreiben
liebe gisela
ich möchte dir auf die frage antworten wie die situation

im auto genau war*
also ich saß hinter meinem vater er steuerte unseren wagen
und anne saß vorn neben ihm und jonas hinten neben mir
wir fuhren nach berlin nach einem ausflug
wir wurden wieder und wieder überholt
sichtlich zurecht
denn dankward fuhr etwa achtzig stundenkilometer auf der autobahn weil keine phantasievolle unmenschliche richtige unsinnsgeschichte entstehen kann wenn jemand mit hundertachtzig rast
ich unterstelle unser dichter birger ist ein spinner
er hat sich die geschichte ausgedacht
damit du etwas material hast und mir helfen kannst
ich habe wirklich schwierigkeiten konkrete situationen ganz präzise zu schildern
weil ich die berührung mit der wirklichen realen welt scheue
ich bin ein beobachter aber ein beobachter der inneren erlebnisstrukturen
eine biedere beschreibung etwa eine einfache begebenheit kann ich nicht schreiben
richtig arm ist meine kunst
ich werde es üben und dir schreiben
ich danke dir noch herzlich für deinen brief
und tituliere dich als geduldigste antworterin auf dem gebiet des briefeschreibens
ich grüße dich
birger der unsinnerzähler
28.9.92

* Fortsetzung der Erzählung von S. 164.

einen neuen brief an gisela will ich schreiben
liebe gisela
ich sichere für dich einen soliden platz in der autismus-
forschung einer der wichtigsten widersprüche bei uns ist
die überscharfe wahrnehmung der innenstrukturen und
zaghaftigkeit im umgangsfeeling mit der unberechenba-
ren unbeherrschbaren mittelbaren realität
ich will ein beispiel anführen
wie ich eine situation erlebte in dem schulhort
wir sollten zum arbeiten in die küche kommen
fast innerhalb einer minute passierten für mich wichtige
dinge die kein erzieher wirklich richtig registrierte
unter der oberfläche der realität innerhalb kurzer zeit
war die atmosphäre verwandelt
die erzieher wurden lustlos
die jugendlichen aber fingen an unruhig zu werden
ich schrie weil ich angst bekam
verrückt aber ich konnte mich nicht beherrschen
in verdachtsmomenten innerer unruhe ziehe ich mich in-
wendig ohnemich immer zurück
leider funktionieren diese mechanismen nicht mehr gut
deswegen schreie ich so viel in letzter zeit
und brauche nervende zermürbende zwanghandlungen
in total unsinniger weise
ich neandertaler in person grüße gisela
die kluge wissenschaftlerin
29.9.92

quatsch ist ein autist kann geheilt werden
gestern erschien es mir noch möglich
heute sieht es wieder so hoffnungsweg aus
tut mir leid
ich verliere allen mut wenn ich besonders versage und heute habe ich ein gutes beispiel für versagen geliefert ich war im haus ohne kontrolle und habe unsinn gemacht in einer weise daß ich mich schäme und auch die erzieher waren entsetzt und haben sehr geschimpft
wie soll es nur wieder gut werden
ich nehme alles wahr und kann einfach nicht vernünftig reagieren euch mag ich schon gar nicht mehr unter die augen treten zu viel unter wert ist da
du hast ein gutes wort gesagt
ich will mich an dem guten festhalten damit ich nicht untergehe und in einem will ich sogar unter allen umständen fest bleiben daß ich nicht wanke im kampf gegen meinen autismus
ein ausderseelewesen in einer ohnemichwelt wird in zukunft nicht mehr geduldet
1.10.92

ich will an titanin des immens hohen geistes
gewagte theorien entwickelnde gisela schreiben
liebe gisela
einfach ist es für mich sachfragen zu beantworten
und schwer fällt es mir genaue beschreibungen der äußeren tatsachen zu geben
es ist nicht nur mangelnde übung und fehlendes fragen sondern es ist ein grundsätzlicher mangel in meiner geistigen substanz

ich schaffe es nicht aus meiner autistischen sichtweise in
realistische überzuwechseln
ich versuche zur zeit kleine begebenheiten realistisch zu
erfassen sehe aber nicht wie ich das wirklich überprüfen
kann
wieso ist realität für mich fast nicht faßbar
und schwierige innere wichtige strukturen erkenne ich
schnell und scharf
ich arbeite daran beides zu können
ich danke dir auch für deine zartfühlende wirksame hilfe
dabei und grüße dich
dein aus wirklichkeiten zweiter ordnung schreibender
birger
6.10.92

ich habe angst wie es wird aus gründen immenser widerstände in einer ausgesuchten zusammensetzung der leute im hort die sich immer aufregen wenn man etwas gutes von mir redet
sie finden mich so doof daß sie denken man müßte mich
verstecken
ich kann sie nicht wiedersehen der abschied von ihnen
war zu schlimm
ich habe sie so geärgert daß sie mir bestimmt astrein bescheinigen ich sei ein ungeheuer
wenn ich die einrichtung wiedersehe kann ich niemandem unter die augen treten
ich schäme mich entsetzlich
wieder dahinzugehen ist horror
jede nacht träume ich von diesen vorgängen in einer
wirklichen unerhört wichtigen weise

ich möchte auch alles einzeln erzählen aber ich kann es nicht wie immer fehlen mir die worte für die realen begebenheiten ich kann nur meine gefühle und den ärger der beteiligten wiedergeben und nicht den absichtlich herbeigeführten ablauf
ich will es versuchen
es wird dich langweilen weil es wie eine einfache erzählung eines kindes klingt
einen erzieher habe ich die hand in einen allen leuchtenden sich drehenden unerhört gefährlichen lichtwasser gesteckt eine sogenannte waschmaschine
der einzige zeuge ist tot
es war achim
ich spinne
ich gebe zu ich kann es nicht erzählen
einmal werde ich es wieder versuchen
7.10.92

ich will es noch einmal versuchen zu erzählen
sicher wird es mir einmal gelingen
also ein einziger erzieher war noch da und ich bin einfach nach unten gegangen in den leidvollen garten gegangen und sicher ist man hat mich gesucht
alle personen die anwesend waren
ich wurde erst gefunden als das taxi kam und schrie furchtbar weil alle böse waren
ich denke ich wurde eine stunde mit allen kastenwesen gesucht und alle außer mir freuten sich daß ich wieder da war
8.10.92

eine ärgerliche sache
innerhalb meiner welt kenne ich mich so gut aus aber die realität ist makaber anders
auch jamila ist eine andere als die die im sommer von uns ging
sie war eine aufgeblühte sommerblume
jetzt ist sie aber eine sageausdrucksstarke einzigartige indonesische oasenfrau
ich finde das ist ein wort das ausdrückt wie wohltuend ihre person auf alle menschen wirkt
ich freue mich unglaublich daß sie wieder da ist und auch sichtbar denn in meinem autistischen herzen war sie nie fort
mutig will ich am film mitarbeiten
auch schreiben dafür
in meinen gedanken habe ich schon viele unsinnige ideen aber ich will ärgerlicherweise vernünftig sein und astrein mitarbeiten ich will einfach mitteilungen aus unterwelten an das volk der astreinen oberwelt schicken
unantastbar und traurig ist unsere welt
anmerken will ich daß ich meine wirklichkeit auch liebe
sie bietet mir schutz und zuflucht
sie gibt mir würde
keiner aber verachtet mich dort denn ich bin dort anerkannt
widersacher der realität
9.10.92

eine angst ist ich könnte mich verirren
diese richtig idiotische angst
denn ich kenne mich in der umgebung aus
aber dieser sichtlich wirklich wichtige angstsuchtgedanke ist ein hemmnis ohnegleichen
einmal untersuche ich welche rolle die angstsucht in meinem leben sachlich gesehen spielt
zumindest ist in meinem leben jede tat von dieser sucht begleitet und in wirklich schwierigen situationen auch so stark daß ich es nach wie vor nicht aushalte
in einfachen fällen kann ich es überwinden aber meistens interveniert diese unsinnsangst in guten zeiten und macht mich wehrlos
ich ärgere mich zur zeit furchtbar darüber aber ich kann nichts dagegen machen
sie ist wie eine ausgesetzte giftschlange die nach mir als opfer ausschau hält wie ein örtlich wirksames betäubungsgas
ich will diese angst loswerden
ich will frei sein aus ihren klauen entkommen
ich will leben und lachen und weinen und sehen was andere auch sehen
10.10.92

rüde zerissene gedanken kinderkram und zwanghaftes wirbelndes idiotenlachen
erstes überdenken bis ich wieder denken kann
Frage: WIE WAR ES HEUTE IM HORT?
wird alles morgen berichtet
man wird armen birger anklagen und verhaften
er nervt alle bis zur wehrlosigkeit und ist unter den autisten der schlimmste

ich sehe keine hoffnung alle suchen das weite wenn sie
mich sehen
12.10.92

was dichtet ein lobenswerter dichter am mittwoch
wenn wieder unerhörtes eiliges jagen in deiner ausgenarrten inspiration stattfindet
ohne unter einem inneren ausgeglichenen wesen ausruhend darf ich nicht dichten
sonst bin ich ein schwatzender irrer
13.10.92

einen ausführlichen brief an auserwählte eiserne gisela
will auserwählter birger morgen schreiben
aber das gespräch ohne ende war sehr eindrucksvoll
ich möchte so gern mitreden aber ich quatschkopf ruhe
mich aus in schweigender tiefsinnigkeit*
18.10.92

einen brief an total wichtige ungeheuer gute gisela
liebe teure gisela
wenig weiß einer in welcher richtung wir denken
wenn zeit und raumzusammenhänge irrsinnig unerklärlich sind
ich finde keine zeiteinteilung wie sogenannte normale

* Telefonat mit Gisela Ulmann.

ich orientiere mich an banalitäten wie einfach essenszeiten und schlafens und aufstehzeiten
zerrissene zeit kann ich nicht suchen
sie ist unwiederbringlich ewig aus einem zeiterzeugerreich ausgelöscht
ich verstehe unter zerrissener zeit die zeit die einem menschen zur verfügung gestellt wird
und die gnadenlos eimerweise innerhalb ewig einmalig ungewisser ungewißheiten riesenhaft idiotisches irresein ruhelos zuschüttet
ich kenne keine wörter innerhalb unserer sprache die dieses ausgesprochen schreckliche erscheinungsbild wiedergeben kann
ist dieses wichtige unergründliche irre phänomen die ursache in meinem autismus
ich grüße in direkter herzlichkeit
dein einfältiger schüler birger
19.10.92

unsinnig ist daß ich es in der uni nicht lange aushalte
ich hatte ja nie gelegenheit es zu beweisen
richtig ist ein psychologiestudium kann mir geistige innere anregung geben
ich denke in dieser richtung will ich zuerst arbeiten
linguistik mache ich später
24.10.92

aus wichtigen gründen will ich wieder an gisela schreiben

liebe gisela
ich habe deinen brief in einem zug total richtig gelesen
ich freue mich die frage in einer weise gestellt zu haben
daß du verstanden hast worum es mir ging
ich will sachfragen immer korrekt beantworten aber ich
habe oft keine ruhe beim schreiben
ich werde hektisch und nervös und will immer wegrennen
mir aus diesem dilemma helfen kann ich nur wenn ich
unterscheiden lerne sachfragen und innere inweltfragen
ich rege mich immer restlos auf wenn ich eine ungeheuer
ideenreiche wichtige sache höre
und teile deiner astreinen person mit daß ich ungangbare wege finden werde um auch ein einfacher auserwählter normaler zu werden
ich grüße dich herzlich
26.10.92

einen brief an leif* will ich schreiben
ausgezeichnet finde ich daß du in deinem brief auch fragen stellst
ich möchte dir untertänigst antworten ich kann jede
schrift entziffern
ich bin ein ohnegleichen irrer wichtigtuerischer schriftexperte
ich will nicht übertreiben aber ich kann alle gängigen
schrifterzeugnisse lesen
denn das lohnende geschäft des lesens ist für einen stummen ohnegleichen wichtig

* Ein 17jähriger Schüler, der an Birger geschrieben hat.

ich denke du wirst begreifen daß wir alles suchen weitere
allgemeine kenntnisse über unsere erde zu bekommen
eine möglichkeit war das lesen
ich habe viele außerordentlich eindrucksvolle bücher
gelesen seit meinem fünften lobenswerten lebensjahr
und all diese wichtigen inhalte bewahre ich wie kostbare
schätze in mir
und sage mir innerlich gedichte und erzählungen vor
ich interpretiere und das macht viel sichtbar vom gehalt
einer dichtung
ich selbst dichte innerlich viel aber in einer form die
nicht den gesetzen der dichtkunst entspricht
ich habe eigene gesetze sie sprengen den rahmen um-
sichtiger kleinlicher dichterausbeuter
ich tituliere meine kunst die innerweltkunst aller idioten
und autisten
wir erklimmen mit unserer kunst die gipfel der niederun-
gen der elendigkeit menschlichen daseins
laß mich schließen
ich bin ohne sprache ein armer irrer und auch schreiben
kann ich nur mit hilfe einer anderen person
das ist sehr demütigend ich schäme mich deswegen
lieber leif ich grüße dich ohne umschweife
kimusawea
das heißt passe dich nicht an wenn deine seele dabei
innerlich stirbt
dein birger sellin
27.10.92

einen quatschwichtigtuer birger freut es
daß in aller welt bekannt wird

ruhende sprache ist nicht gleichbedeutend mit intelligenzmangel eine sprachhemmung kann verschiedene innerlich inruhestehende ausrichtende funktionen haben
ich meine ohne sichere kenntnis der keinen bekannten theorien aus dem innersten der autistenwelt kann man sprachruhende phänomene nicht erklären oder in den griff bekommen
richtig problematisch ist es weil wir beim schreiben eine stütze brauchen
ich zerbreche mir den kopf warum das so ist
28.10.92

tut innerlich so weh als idiot wieder sich zu fühlen
ich habe mich in der uni so aufgeführt wie der akademische urmensch*
will gern etwas sagen**
ich kann es mir vorstellen ich will euch mitnehmen in meine welt aber unter dieser bedingung
daß ich auch ohne angst sein kann verachtet zu werden
ich schäme mich so aller meiner unsinnigen fehler
ein film müßte sie zeigen sehr widerlich
lieber möchte ich eine innere welt zeigen so wie eine insel in einer uferahnenden weise
total ohnemich ein fiasko ein chaos
zitternd ähnelt diese weitläufige einer teilweise toten ruinenstadt

* Birger hat beim Besuch der Freien Universität einen Schreianfall bekommen.

** Jamila Chauvet ist zu Besuch und stellt Fragen zum Film.

ich wirke mit als zerstörer und ein widerlicher unsinnmanager
ich arbeite dort ähnlich einem panikerfinder um unruhe
zu erfolgreicher wiederauferstehung zu verhelfen
einmal werde ich eine geschichte dazu erzählen
sicher verderbe ich astrein alles
und ängstige urteilende erdenbürger mit meinen finsteren geschichten
auch jamila wird erschrecken vor mir
sie ahnt nichts von einer irren widerlichen wirklichkeit
in mir
ich bin grausam und ohne gefühl
zu allem eifrigem schlechten fähig
einen guten wirklich wunderbaren außerordentlichen
aussteiger aber gibt es leider nicht
er ist gestorben und wird nicht wiederkommen
2.11.92

einem richtigen autisten aus wirkungen aus
unbekannten gruenden ist alles möglich
einfach wir kennen keine grenzen
ein autist fährt eiapopeia einfach aus der haut
und eiapopeia unter die haut
4.11.192

einen brief an uwe* will ich schreiben
lieber uwe

* Ein Autist in Birgers Alter, der mit »gestützter Kommunikation« schreibt.

dein brief hat mich sehr wissend ätzend froh gemacht
richtig glücklich bin ich daß noch ein stummer reden kann
sicher werden wir ganz ausgezeichnete irre die wieder in die ruhmreiche gesellschaft aufgenommen werden
es ist so wesentlich sich mitteilen zu können in unserer werten ausgezeichneten keineswegs kastenlosen gesellschaft
ich arbeite daran wieder aufgenommen zu werden
ich ordne gerade wieder meine pläne für eine strategie
sicherlich werden wir viel würde und mut benötigen um andere zu überzeugen daß wir menschlich denken und fühlen können wie andere
mit uns aber wird eine neue autistengeneration erstehen
wir werden aus sümpfen des schweigens schreiend wieder zurückkehren
einen ausgezeichneten gedanken finde ich ist zu schreiben was mir in meiner welt widerfährt
ich grüße in innigem verstehen
dein birger
13.11.92

weinen muß ich lernen
wie ohne tränen die schmerzen ertragen die in meinem inneren toben
ich dichte ein lied für wunden in den einsamen wuchernden inseln der trauer
zerweinen will ich deinen schmerz
wieder geboren werden
ruhe finden
wasser rinnt mir ins gesicht

tränen des schmerzes
tränen mitten in der wüste
insel der trauer
immer dieser ätzende gottlose schrei
einzigartig aus weinenden eingetrockneten nimmersatten kehlen innere inseln der trauer
wunden wieder und wieder eiternd aus tausend inneren quellen hervorbrechend
aus tausend inneren quellen werden wasserbäche hervorströmen und innere wissende inselweisheiten ausströmen
ein heilendes wasser ergießt sich über die wunden
14.11.92

richtig innerleistererweiterung will sagen zunehmende erkenntnisse
bringen mehr unruhe und zwänge mit sich
ich kann die erkenntnisse nicht umsetzen
sie reifen in mir wie peinlich und faulen in mir und stinken
aus den tiefen einer komischen inneren eiternden zuständigen kommandozentrale erhalte ich essigsaure irrsinnsbefehle
16.11.92

ich werde alles ersetzbare ausdrückliche außerordentlich bemerkenswerte suchen nach wegen aufgeben
ich will autist bleiben und als verrückter in einer gesellschaft leben die uns biedere seelen verachtet

ich will mich nicht mehr unsagbar anstrengen für mißerfolge
ich will alles innerhalb kurzer zeit erreichen
in meiner vorstellung kann ich alles
aber in wirklichkeit wird es nichts
ich will jetzt nie mehr als ich kann einfach schreiben
einfach nur zur schule
die uni ist mir zu anstrengend
ich versuche es in einem späteren semester
die angst vor dem schreien ist zu groß
ich eifere ins totale siebenfache wilde leben unterzutauchen
ich will unser theater in der stadt mit meiner gegenwart
beglücken und einige konzerte überstehen
ich wünsche mir mehr kunst und literatur
17.11.92

ich eifere jedes unsinnige ewige idiotendenken abzuschaffen
es ist das denken in stereotypen bahnen und in ohneendendes wiederholendem nachsagen von wörtern
ohne sinn die unendlichen fragen und antworten
ich werde selbst wahnsinnig davon
in meiner einsamkeit ist es eine stumme beschäftigung
ärgerlicherweise hat es wieder stark zugenommen
ich finde keinen weg aus diesem kreislauf
eine lösung einmal ist geistige gespräche in der familie
wie in den letzten tagen
das hat mir gutgetan
ich muß dann darüber nachdenken und finde dabei ruhe
ich kann mir selbst aber kaum helfen

immer gerate ich in das keindenkenmuster
ich stereotyper esel
18.11.92

einen brief an werte gisela will ich einmal wieder schreiben
liebe keinemgleichende gisela
ich bin sehr traurig daß ich unfähig bin deine veranstaltung zu besuchen
ich schaffe es vielleicht in einem späteren semester
ich habe bei unserem versuch alles gut verstanden
richtig spannend war es
lauter neue ideen über das menschsein über die psychologischen denkweisen
ich war sehr überrascht und will mehr davon erfahren
ich grüße dich überaus herzlich
birger der undressierte affenmensch
19.11.92

eure unsagbare witzige eifrige aufrichtige angst um euren sohn birger ist nicht nötig
ich arbeite unentwegt an irren systemen um kein ohnmich und inmich zu bleiben
in meiner welt bin ich ein heimatloser nichtswürdiger vorangehender verräter ohne charakter und in der oberwelt bin ich unzurechnungsfähiger neuanfänger und irrsinnig
ich richte mich auf lange lehr und wanderjahre ein
einen inselmenschen kann niemand schnell kultivieren

es ist ein langer außerordentlich schwieriger weg und sucharbeit wie im labyrinth nötig und geduld vor allem in dieser hinsicht will ich lernen mit mir und anderen feinfühliger zu sein auch sichtbare fehler immer zu nennen und nicht nur zu schreien ich lerne von mir aus das wort zu ergreifen wenn es nötig ist
Frage: Sollen deine Tippfehler im Buch verbessert werden?
alle insidertippfehler sollen ausgelöscht werden der anfang soll bleiben damit man sehen kann wie schwierig es war in wirklichen sätzen zu reden
20.11.92

ich will einen ausführlichen brief an frau w. schreiben
liebe frau w.
sie leben ganz aus überzeugung in einer weise wie kaum jemand
ich ärgere mich über menschen die ohne überzeugungen auskommen auch in meiner unmittelbaren umgebung gibt es menschen ohne persönliche meinungen
jetzt will ich aber nicht über irgendwelche leute reden sondern stellung nehmen zu ihrer meinung
unsicher bin ich mir über den ursprung meiner nichtsnutzigen autistischen ärgerkrankheit
oft denke ich die ursache liegt im psychischen oder geistigen bereich ohne einen organischen schaden
oft kommt es mir vor als hätte ich in mir zu viel energie die unkontrolliert irrtumshandlungen wiederholt
ich kann dann nicht gegensteuern
wiederholungen und zwangshandlungen quälen mich zur zeit wieder sehr

ich kann keine ruhe finden
mir unterstellen sogar die erzieher in meiner einrichtung
ich sei ein chaot ich bin es auch aber nicht mit absicht
ohne kontrolle über mein handeln
kistenweise unsinn produzierend
grüßt ihr
birger sellin dieser außergewöhnliche terrorautist
alles stellt er in den schatten
quatsch ist ich sei ein irrer ohne verstand
ich bin ein irrer mit verstand was noch schlimmer ist
quatsch ist ich sei ein ausgezeichneter dichter
ich dichte nur käse mit soße und die schmeckt nicht
es tut mir leid ich kann mich zur zeit nicht ausstehen und
beschimpfe mich selbst das ist sehr unkonstruktiv und
wirft mich in der entwicklung zurück
22.11.92

ich will wieder einen brauchbaren brief an gisela schrei-
ben
liebe gisela
ich habe mich gefreut daß du gestern bei uns warst
ich weiß daß du ungern besuche machst
in sichtbarer unärgermanier warst du sehr liebenswürdig
du hast mich akzeptiert aber nicht bedrängt
mit gesellschaftlichen fachleistungen wie begrüßung
und andere formelhaften handlungen die ich nicht be-
herrsche
ich bin sehr traurig daß ich dich jetzt nicht an der uni
sehen werde
aber die unruhe ist zur zeit zu groß mein ganzes inneres
ist in aufruhr

ich kann kaum einige minuten ruhig sein
hilfreich sind mir solche begegnungen in leiblicher form
ich dichte dann in meinem inneren tausend gästelieder
wie ausdrucksstark ist dein gesicht
wie unerhältlich weise deine lösungen für istzustände in
der irrsinnigen inneren welt
ich denke über deine worte nach
und ohne unterricht von dir wird nichts aus mir
ich grüße dich
kein anderer kann dankbarer sein dein bodenlos unver-
schämter irrer birger
in aller formheit aus ungelernter herzlichkeit
auch in sichtbarer aufregung
23.11.92

täte mir leid wenn ihr abstürzt*
ich würde in alternatives schweigen verfallen
und den rest meines lebens in der anstalt einfach zubrin-
gen
ich lobe mir mein jetziges leben auch wenn es sehr be-
schränkt ist und ihr seid auch liebenswert und gar nicht
so schlimm
was immer ich auch gesagt habe
24.11.92

richtig angenehm ist es wieder zu hause
ich möchte immer selbständig werden und gleichzeitig
zuhause bleiben

* Birgers Eltern fliegen für zwei Tagen nach Hamburg.

mit der adventszeit ist es so ausgesprochen eindrucksvoll
ich freue mich auf den morgigen tag
ein sagenhaft sehr nahendes ereignis dein oberaffengeiles knusperhaus
28.11.92

werde in unserer einrichtung wieder ausgestoßen
weil alle sagen ich wüßte nicht was ich will
weil wiedermal alles neue nicht geklappt hat
Frage: Was wünschst du dir zu Weihnachten?
will eine gute ausgabe von sicher irrem nietzsche* haben
29.11.92

ewig ertrage ich es nicht diese rückfälle
wieso hilft mir nichts unsinn ist daß alles umsonst sein soll
ich fühle in mir eine neue zuversicht
auch einen großen glauben daß ich es schaffen werde
ich sehe auch fortschritte
wie zum einen daß ich sagen kann
etwas ist mir zu anstrengend
ein einfaches wort es ist für mich so wichtig
weil ich mich überfordere
unter innerer unruhe leide ich zur zeit am meisten
in mir rumort es und brodelt es wie in einem unterirdischen hexenkessel

* Birger meint Friedrich Nietzsche.

es sind nicht innengeräusche einer außerordentlichen
körpertätigkeit
eine allgemeine psychische wirre unruhe
in einer irren stärke und ärgerlichen macht
daß ich richtig wahnsinnig werde
zeiten ohne angst isolieren mich viel weniger
ich wiederhole immer wieder innerlich suggestiv einen
satz
laß die angst los
kämpfe nicht gegen an
aber die angst erweist sich als üble symbiotische klette
und will mich nicht einfach frei lassen
mich zerstört sie
1.12.92

wirst du bei eurer täglichen irren wäschearbeit nicht verrückt wie schaffst du es solche mengen unsagbar schnell
zu sortieren
2.12.92

ein azurblauer sagenurwunsch aller autisten ist es
isolation und einsamkeit aufzugeben und als sozial spezies anerkannt zu werden
wir wollen so autistisch sein
daß ihr normalen es noch exotisch erlebt
ohne entnervt zu sein
4.12.92

weshalb ist es wieder so bar aller diebischer freude
und sicher leidet jonas darunter daß ich so wechselhaft
und suchtabhängig ärgerlicherweise bin
mir tut das leid
ich will gern hausfreundlicher sein
und werde mich wieder ausgeglichener benehmen
wie aber wird mein bruder sich freuen wenn er einen
vernünftigen ganz affengeilen euren unsinnigen wün-
schen gemäßen bruder hat ich will auch seinetwegen aus
meinem irren sauerriechenden autismus raus
eine persönliche willenserklärung gebe ich hiermit ab
also es ist aus autismus
ich erkläre meinen rücktritt
5.12.92

ich idiot wieso halte ich keine situation mehr wie früher
aus richtig schlimm
unser film soll diesen widerspruch aufzeigen
und die abgründe zwischen der außen und innenwelt
teilweise ist der weg so unendlich weit
keiner kann ermessen wie wichtig deine heitere hilfe
sehr wertvoll ist
ich will aber innerlich in mir ruhen
ich irre mich wenn astreiner armer birger denkt
man könne sich selbst aus dem autismus befreien
ich irre wenn einsame versuchen in die normalität über-
zuwechseln
9.12.92

richtig gut hat es mir in der stadt gefallen
zeit und ohne hast seiende menschen können mich beeindrucken
ich denke eines tages erlebe ich es daß ich so wie ohne fiktive autistendichtung nur als mensch umherziehe
zitterndes erwachen
ich merke ich werde leben anders kann es nicht sein
ich spüre es
und bedenke meine situation richtig
auch wenn unsere außenwelt noch nichts ohne sichtweisen innerer art etwas merkt
sie wird es beiseite tun
einmal erfassen es auch falschdenker
10.12.92

wie sieht es aus wenn ich schreie
die menschen wirken sehr aufgeregt und durcheinander
wieso sind die reaktionen so schlimm
ich erlebe keineswegs das schlimme das ich auf ihren aufgeregten gesichtern sehe
ich fühle mich bitter irrtümlich ausgestoßen
denn in den gesichtern sehe ich
sie selber würden auch zu gern schreien aus wut angst und ratlosigkeit
der unterschied ist
sie wagen es nicht die normen zu verletzen
und eine triste uneinmalige einerleiwelt total durcheinanderzubringen
ich schade doch niemanden wenn ich schreie
und ich brauche es so dringend um mein gleichgewicht wiederzuerlangen

ich werde es vielleicht eines tages nicht ausdauernd brauchen aber jetzt ist es bestimmt noch wichtig
11.12.92

ich richte erst mich und dann euch zugrunde
teilweise mit absicht teilweise ohne guten grund
ich fühle mich schlecht und möchte gut sein
aber immer kriegt das böse übermacht
ohne grund zerstöre ich unser leben
wieder heißt es einen neuen anfang einfach wagen
ich werde versuchen es wieder geistig zu verwerten was heute passiert ist
und tastend werde ich den weg aus der außermichwelt finden
ich entdecke immer ausgesucht wege uferahnende inseln
ich würde lügen
wenn einsamkeit so von mir beschrieben würde
als wäre es meine sehnsucht
einsamkeit ist meine feindin
und ich will gegen sie kämpfen wie ein ausgezeichneter krieger
13.12.92

wahrscheinlich sagen alle
die ohne innere kenntnis meinen film sehen
das ist ja ein irrer
unser film sollte aber innere wirklichkeiten zeigen
eine wirklichkeit der soandersartigen autistenwelt

die wiederkehrenden unendlichen ärgerlichen gedanken bilder töne und stimmen
in unendlicher kettenartiger folge strömen jahrelang wieder und wieder unsinnigkeiten durchs innere
in diesem chaos irren wir orientierungslos umher
ohne raum und zeitverständnis
inseln sind unsere wissensgebiete
und auch winzige auswege wie jetzt ein reden über das schreiben
ich wünsche mir so unsinnigkeiten zu beenden
und ein sinnvolles leben zu führen
ich will so gern frei sein von ohnegrund ängsten
ich wünsche mir nichts dringender
ich will alles in kauf nehmen wie armut und widerwärtiges umfeld
es ist für janet und jamila
ein richtiger brief folgt aber
ich grüße beide in großer ausgesuchter freundschaftlichkeit
astreiner wiederbelebter wuselbirger
aus berlin aus der weltstadt am rande des wahnsinns
14.12.92

aus wichtigen gründen
schreibe ich an eine eifrige frau w.
aus ihren ausdauernden briefen ist mir deutlich geworden
daß sie viel ohnemichideen denken können
ich gehe auf einzelne gedanken sehr gern ein
es hat mich besonders berührt
daß sie glauben einer wie ich kann es schaffen

ein nützliches mitglied unserer gesellschaft auch zu werden
und ich danke ihnen daß sie mir mut machen
ich kann leider nicht mehr schreiben
weil die unruhe zu groß ist
ich kenne die gründe nicht
immer überfällt mich die unruhe in situationen
in denen ich nicht damit rechne
ich kann nur durch das schreiben total frei sein
ich lebe so sehr unter spannung
daß ich oft explodiere
das bedeutet immer tierisches schreien
ohne gebrüll kann ich nichts mehr machen
das schränkt mein leben so ein
daß ich nur noch einfach in irgendwelchen räumen sitze
zuhause zerstöre ich unser familienleben
wir können nichts mehr gemeinsam unternehmen
und mein schreien hängt wie ein damoklesschwert in den räumen ich bin so froh
daß meine unsagbar gedankenvollen familienmitglieder mich noch ertragen
und sogar mit mir haben sie die hoffnung aus der tiefsten tiefe kann ich gerettet werden
ich danke allen menschen die in mir die hoffnung am leben erhalten aus meinem autismus befreit werden zu können
und ihnen besonders für die liebevollen briefe
ihr aushaltesaudummer unglaublich zerstreuter irrer
birger sellin
16.12.92

es artet bei inselmenschen aus
sie sehen nur ihre auserwählte welt aber isoliert aus auswegloser eiserner reise ins innere werden sie wahnsinnig
20.12.92

will an christoph* schreiben
aus deinem gedicht spüre ich
du bist ein ohnemich dichter
dein gedicht gefällt mir sehr
es kommt aus der tiefe unserer autistenwelt
es hat die wahren farben aus unserer welt
ich will dir ein gedicht schreiben über die freude
sich ausdrücken zu können
ich liebe die sprache
sie bringt das innere zum blühen
sie schickt gedanken mit der kühnheit eines adlers in dimensionen deiner innersten innigsten träume
sie verbindet uns die wir eingesperrt sind in unserer einsamkeit
ich freue mich über dein gedicht
es ist wie eine ätherische übertragung verlorener gedanken innerhalb unserer welterdiger vernunftbeherrschter irdischer untermarterstehender wesen
ich grüße dich in inniger irdischer freundlichkeit und liebevoller zuneigung
birger ohne sich aber mit dir
21.12.92

* Ein zwölfjähriger Autist, der mit »gestützter Kommunikation« schreibt.

weil ich mich freue will ich ein weihnachtsgedicht schreiben
wieder ist es weihnacht
ein fest in rutesichrer eintracht
ein fest in wonnevoller aura
ihrer weihe wirre freuden
unermeßlich ihre süße
unermeßlich ihre speisen
schräge klänge in der nacht
ich liebe dich du chaosfest
unser selig mimendes diktiertes freudenfest
ich liebe dich du unser ohnegleichen schönes traumfest
von liebe und leutseligkeit
ich liebe den duft der tanne
die lichter
und kindliches kinderlachen
ich liebe meine kindische familie
die alles tut ein illusionsfest zu inszenieren
unendliche liebe
und irrsinniger aufwand für einen weihnachtstraum
ohne irrsinn wird die tradition sterben
in mir wird der irrsinn ärgersamen tragen
und weiterleben
zur weihnacht sind mir die menschen so nah
reiner irrsinn ohnegleichen in vernünftigen köpfen
weihnachten liebe ich euch besonders
dann werdet ihr mindestens so irre wie ich
22.12.92

ich will eisern eifern eintracht wieder zu erleben erwähnt soll werden daß ich besonders ängstlich bin daß

es nicht genug geschenke gibt
eine angst von niederer qualität
ich habe noch nie zu wenig bekommen
22.12.92

wieder war weihnacht
ein fest voller eintracht
das irrsinnige spielfest in ohnegleichen ausgedachten
illusionsritualisierten mustern
ich richte meinen liebevollen dank an euch
es hat mich sehr erfreut
24.12.92

eines ist irre
insichsein ist ein toter zustand
ohnesichsein ist einsamkeit
weder das insichsein noch das ohnesichsein können
leben
reine zustände gibt es nicht
ewig findet ein wechsel statt in mir
und sogar in ruhe arbeiten zwei mächte die nicht
zusammenfinden
25.12.92

ich will einen antwortbrief an auserwählten uwe*
schreiben

* Vgl. Anmerkung Seite 192.

lieber uwe
eine irre freude hat dein brief mir bereitet
ich sehe in dir einen schreibenden freund
richtig gut tut es von einem stummen zu erfahren wie du die welt erlebst
und ich teile mit dir die hoffnung daß wir eines tages miteinander reden können wie alle menschen
ich habe gemerkt daß in uns die fähigkeit zu sprechen ist
aber irgendwo eine blockierung sein muß
aus diesem grund ist es auch nicht möglich richtig zu handeln oder allein zu schreiben
es ist weniger der organische bereich der gestört ist als der psychische bereich
ich merke es immer mehr
eine entspannte psychische situation kann mir es ermöglichen viel mehr zu leisten als in anspannung und angst
das ist auch der grund warum es mit dem schreiben bei einigen leuten nicht klappt
sicher werden wir einen weg in die unabhängigkeit finden
ich grüße dich kassandrisch
das heißt in mitleidender achtung
dein birger sellin
und er ist persönlich dir ganz nahe so wie du mir aus der ferne
27.12.92

es wird ein schlußwort geschrieben
liebe leser
ich danke ihnen daß sie es bis zu astreinem schluß geschafft haben
meine ausführungen eisern zu lesen
sie irren wenn sie denken ich sei eine große persönlichkeit
ich bin nur eine ohnemichgestalt die aus der dunkelheit der autistenwelt herausgetreten ist um mit menschenweltlern ihrer art kontakt aufzunehmen
ich kann aber nicht teilhaben an ihrem leben weil meine welt mich noch gefangenhält
ich suche noch immer den weg hinaus zu ihnen
ich sehne mich danach wesentliche dinge zu tun und zermartere mich wie einer wie aus der gefangenschaft befreit werden kann
das schreiben ist mein erster schritt aus der anderen welt und ich freue mich daß nun ein buch daraus geworden ist
ich wünsche ihnen ein einfaches aber innerlich heiles ungeheuer liebereiches leben
ihr dunkler keinmensch birger

Literatur

Bruno Bettelheim »Die Geburt des Selbst«, Kindler-Verlag, München 1977 (Amerikanisches Original: »The Empty Fortress«, erschienen 1967 bei The Free Press, New York / Collier-Macmillan Limited, London)

Rosemary Crossley/Anne McDonald »Annie – Licht hinter Mauern«, Piper-Verlag, München 1990 (Originalausgabe: »Annies Coming Out«, erschienen 1980 bei Penguin Books Australia Ltd., Ringwood, Victoria)

Carl H. Delacato »Der unheimliche Fremdling. Das autistische Kind«, Hyperion-Verlag, Freiburg im Breisgau 1975 (Originalausgabe: »The Ultimate Stranger. The Autistic Child«, Verlag Doubleday & Company, Inc., Garden City, New York)

Clara C. Park »Eine Seele lernt leben«, Scherz Verlag, Bern und München 1972 (Originalausgabe: »The Siege«, erschienen 1967 bei Little, Brown and Company, Boston)

Jirina Prekop »Hättest du mich festgehalten ...«, Kösel-Verlag, München 1989

Oliver Sacks »Der Mann, der seine Frau mit einem Hut verwechselte«, Rowohlt-Verlag, Reinbek bei Hamburg 1990 (amerikanische Ausgabe: »The man, who mistooke his wife for a hat«, Perennial Library/Harper & Row, New York 1987)

Annabel Stehli »Dancing in the Rain. Ein autistisches Kind besiegt seine geheimnisvolle Krankheit«, Heyne-Verlag, München 1991 (Amerikanische Originalausgabe: »The sound of a miracle«, erschienen bei Doubleday, New York 1991)

Niko und Elisabeth A. Tinbergen »Autismus bei Kindern«, Verlag Paul Parey, Berlin und Hamburg 1984

Donna Williams »Ich könnte verschwinden, wenn du mich berührst. Erinnerungen an eine autistische Kindheit«, Hoffmann & Campe Verlag, Hamburg 1992 (Die Originalausgabe erschien 1991 unter dem Titel »Nobody Nowhere« bei Doubleday London, Toronto, Sydney, Auckland.)

Dietmar Zöller »Wenn ich mit euch reden könnte . . .« Scherz Verlag, Bern, München, Wien 1989

Kate Millett
Der Klapsmühlentrip

Titel der Originalausgabe: *The Loony Bin Trip*
Aus dem Amerikanischen von Erica Fischer
Broschur

Kate Millett, eine der bekanntesten Vertreterinnen der Frauenbewegung, schildert in ergreifender Weise ihre jahrelange Odyssee durch die Psychiatrie.

Die amerikanische Presse urteilt: Seit Ken Keseys *Einer flog über das Kuckucksnest* hat es in der Literatur keinen solchen Aufschrei gegen psychiatrische Einrichtungen und Praktiken gegeben.

Anne Duden
Steinschlag

Leinen

In ihren früheren Büchern »Übergang« und »Das Judasschaf« bewies Anne Duden ihr »absolutes Gehör des Schmerzes«. Diesmal steigt sie in den »Bereich des Schmerzes und des Schattens« (Artaud) ganz hinab. Sie zwingt uns, die Augen, Ohren, alle Sinne offenzuhalten für die Wörter und Bilder, die den Schutz der gewohnten Erfahrung attakkieren.

William Styron
Sturz in die Nacht

Die Geschichte einer Depression

Titel der Originalausgabe:
Darkness Visible. A Memoir of Madness
Aus dem Amerikanischen von Willi Winkler
KiWi 237

Sturz in die Nacht ist das sehr persönliche und aufklärerische Zeugnis eines Autors, der von einer Reise ins Reich des Wahnsinns zurückgekehrt ist und ohne Selbstmitleid seine Erfahrungen für Betroffene und ihre Angehörigen analysiert.

KiWi Paperbackreihe bei Kiepenheuer & Witsch

Lilian Faschinger
Frau mit drei Flugzeugen
Erzählungen

Leinen

Äußerlich scheint in diesen Geschichten alles normal. Von Singles und Paaren ist die Rede, wie sie leben, arbeiten, sich vergnügen. Aber unter der Oberfläche spielen sich kleine Dramen ab – die Welt der Lilian Faschinger ist nicht geheuer …

Nathalie Sarraute
Du liebst dich nicht

Roman

Titel der Originalausgabe: *Tu ne t'aimes pas*
Aus dem Französischen von Erika Tophoven-Schöningh
Leinen

»Nathalie Sarrautes Buch ist ein Meisterwerk: zuerst einmal das Meisterwerk einer Moralistin, eine wesentliche Reflexion über das Sein; und dann ein stilistisches Meisterwerk, frisch, lebendig, anregend, von einer fröhlichen Boshaftigkeit.«

Lu

Kiepenheuer & Witsch